张光直作品系列

考古学专题六讲

增订本

张光直 著

生活·讀書·新知 三联书店

Copyright ⓒ 2013 by SDX Joint Publishing Company.
All Rights Reserved.

本作品中文版权由生活·读书·新知三联书店所有。未经许可，不得翻印。

图书在版编目（CIP）数据

考古学专题六讲/张光直著. —增订本. —北京：
生活·读书·新知三联书店，2013.1 （2024.3 重印）
（张光直作品系列）
ISBN 978-7-108-04382-5

Ⅰ.①考…　Ⅱ.①张…　Ⅲ.①考古学　Ⅳ.①K85

中国版本图书馆 CIP 数据核字（2013）第 000372 号

责任编辑	孙晓林
封扉设计	蔡立国
责任印制	董　欢
出版发行	生活·讀書·新知 三联书店
	（北京市东城区美术馆东街 22 号）
邮　　编	100010
经　　销	新华书店
印　　刷	河北鹏润印刷有限公司
版　　次	2013 年 1 月北京第 1 版
	2024 年 3 月北京第 5 次印刷
开　　本	880 毫米 × 1230 毫米 1/32　印张 5.875
字　　数	137 千字
印　　数	13,001－15,000 册
定　　价	59.00 元

与夏鼐在亚洲地区（中国）考古会议上，北京，1983

与宿白在天坛,1983

在亚洲地区(中国)考古会议上,
北京,1983
左起:张光直、安志敏、郑光、
俞伟超、徐苹芳、郑振香

在厦门大学，1986

与哈佛大学研究生在一起,麻省剑桥,1987
前排左起:佐佐木宪一、阎云翔、巫鸿、罗泰;
后排左起:Janet Chang、慕容捷、王爱河、裴炯逸、张光直、
　　　　　Philomena Knecht、Kyung-ho、Valerie Hansen

目 次

前　言 1
第一讲　中国古代史在世界史上的重要性 1
第二讲　从世界古代史常用模式看中国古代文明的形成 ... 25
第三讲　泛论考古学 51
第四讲　考古分类 60
第五讲　谈聚落形态考古 72
第六讲　三代社会的几点特征
　　　　——从联系关系看事物本质两例 91

附　录
论"中国文明的起源" 133
《古代中国考古学》中文版自序 156
二十世纪后半的中国考古学 170

新版赘言 .... 陈星灿　178

前 言

1984年8月22日到9月7日，我在北京大学考古系作了九次讲演，共分七个题目。收入本书的六个题目，前四个是蒋祖棣和王文建两位同学花了很大的功夫，根据录音整理出来的。我对整理稿稍做了些润饰，为了读者的方便，还加上了最少限度的注、图和表。后两个题目则是我自己整理的。但这书基本上仍是北大讲演的记录。

1983年8月，在中国考古学会、中国社会科学院考古研究所和联合国教科文组织联合举办的"亚洲地区（中国）考古讨论会"上，宿白教授代表北大邀我到考古系教课。这对我来说是很大的荣誉，当然，就毫不犹豫地接受了。本来考虑讲一个学期的课，后来因时间关系改成三个星期。等到北大校长和教育部正式邀请信寄给我以后，我才想，讲些什么题目好呢？我几十年来从事中国考古学的教学与研究，但是，北大是全世界中国考古学教学的中心，如果我想对北大同学能作点儿积极性的贡献的话，我的讲题应该是比较一般性的，集中在中国考古与一般性问题之间的联系上的，至少，应该是我对这种联系的看法。

这个一般的范围确定了以后，我便选了几个彼此并没有系统的联系的题目，可以说，是构成考古学这个大题目的一小篮大杂拌。虽然没有什么严密的系统，这些题目也不能说代表考古学中的什么派别,但可以说,它们代表一个考古工作者的若干看法,希望对学习考古的同学有一些参考价值。

为了使本书的读者理解我所阐述的若干看法,我想,不妨把自己在专业上学习的过程介绍一下。

我是在北京生长的,并且在北京读了小学和中学。我的祖籍是台湾,所以,在抗战胜利以后,我就回到了祖国的台湾。不久,以前在南京的中央研究院历史语言研究所迁到台北,李济、董作宾,以及其他考古学、人类学的前辈学者们在台湾大学成立了一个考古人类学系,我便报考了这个新系。

我所以报考考古人类学系,是由于早年所受的一些影响。我很小的时候,便熟读过一本书,叫作《人类学泛论》,著者是日本的西村真次教授。我的父亲张我军先生是搞日本文学的,他把这本书翻译成了中文,1931年在上海神州国光社印行。我不知道这本书在中国有没有过任何的影响力,但是,因为我从小便守着这本书,对书里的人类进化史、石器时代等等,很感兴趣,它对于我确实有过不浅的影响。1948年,我在台北坊间又买到一本上海商务印书馆出版的新书,叫《中国史前时期之研究》,是裴文中先生写的。这是我所知道的第一本用中文写的关于中国史前考古的书。裴文中先生在这本书里把当时从旧石器时代到新石器时代的资料与研究成果作了初步的综合。同时,在这书里,裴先生又发了不少牢骚,说中国的考古可以说遍地是黄金,俯拾即是,但是有才华有志气的读书人却很少有学考古的。他说,希望在将来的中国有很多人走这条路,希望各大学有考古学系,并且希望成立一个中国考古学会。看了裴先生这本书以后,我对这门学问更加向往。

1954年,我从台大考古人类学系毕业。不久,我又到美国哈佛大学人类学系读研究生。毕业之后,先在耶鲁大学,后来又回到哈佛大学，从事人类学和考古学的教学和研究工作。从1951年开始，我就参加了田野考古工作，除了台湾的田野考古以外，还参加过北美和法国旧石器时代遗址的发掘。

通过上述介绍，大家可以看得出来，我所学的这一套，说不上是从哪个传统继承下来的。西村真次先生、裴文中先生、李济先生等等，都是我的老师。我当然也读过解放以来国内大量的考古研究报告和论文，受到很大的启示和影响。我在美国学习工作已整三十年，自然受到美国人类学界很大的影响。我说我所讲的题目和内容是一小篮子大杂拌，其实，这也正是因为我搞的这一套考古，似也可以说是一筐子大杂拌。所以我说，我并不代表哪一个门派、哪一个传统。这自然并不是说我的想法没有它自己的一套系统。最好还是请读者们自己去判断、评价吧。

今天，能把这本书奉献到读者面前，我要谢谢北京大学的各位老师、同学的鼓励、帮助，和文物出版社出版这本书的好意和费心。同样的几个题目也在山东大学历史系作了两个星期的讲演，我也要感谢山大师生的照顾。这次从美国到北大和山大访问教学，是在美国科学院美中学术交流委员会和中国教育部的合作计划下进行的，我也要谢谢交流会和教育部的邀请和资助。

张光直

1985年1月于哈佛大学

第一讲　中国古代史在世界史上的重要性

这个题目虽然经常有人提到，但是，什么是中国古代研究的世界性？从中国学者或是外国学者的立场看中国考古，能够得到什么样的启示？这些问题可以从不同的角度、用不同的眼光来看。我这里所谈的，则集中在中国古代文明起源的问题上。

一个着眼在世界性上的考古学者，在研探中国文明起源时，至少可以从三个不同的方面进行。

第一个，是中国古代文明在世界历史上有多大的重要性？是土生土长的，还是外面传入的？吸收了外面多少影响，以及对外产生了多大的影响？

我举个例子，芝加哥大学的何炳棣先生写了《东方的摇篮》一书，主要内容就是提出中国的文明是东方文明的摇篮，正如两河流域的文明是西方文明的摇篮一样。他在书中这样写道：

> 中国的文明是与两河流域文明一样有原始性的（Pristine），而在原始性上可以宣称有同等的优先性。它不能再当做旧大陆几个"边缘性的"文明之一而加以对待了。就像两河流域很合适地被称为西方的摇篮一样，华北的黄土地区也当称为东方的摇篮。实际上，在这两个原始文明

当中，不妨把中国文明认为更值得注意。这是由于它独一无二的长命，它日后内容的丰富，以及它在人类三分之一之众所居住的东亚的优势的影响力。[1]

这一段话可以代表许多人在这个问题上的看法：中国古代文明的起源很早，比起西方来不但无不足，甚至还要早。这种看法，也许在影响我们当今的民族自信心上可以发挥相当的作用，不过，在古代文明的学术研究上有多大的重要性则是另外一个问题。

第二个方面，应该是探讨世界史关于文化、社会变迁模式与中国丰富的历史材料之间的关系。换言之，就是用世界史解释重大历史变迁的模式来考察中国史前史和古代历史的变化过程。比如，用世界史中解释从食物采集、狩猎社会向农业社会转变的基本法则，来看待同样事件在中国的发生情况，等等。这是研究中国古代的世界性的很重要的方式。关于此点我在下一讲再做详细讨论。

第三个方面，就是用从中国古代史和从中国古代史发展本身看到的法则，来丰富一般社会科学的理论。这方面是以往中外学术界较为忽略的，而从这方面进行研究，又是中国古代史家和考古家们的重大责任。我在最近出版的《中国青铜时代》一书中曾经这样提出问题：

> 所谓人类社会发展的一般法则，在中国的史实中，至少在青铜时代的史实中，是不是得到进一步的证实？中国青铜时代史实所表现的因果关系对于人类社会发展的一般

---

[1] Ping-ti Ho, *The Cradle of the East*, The Chinese University of Hong Kong and the University of Chicago Press, 1975, p.368.

法则有什么新颖的贡献?[1]

中国拥有二十四史和其他史料构成的文献史料,又由于史前考古和历史时代的考古,进一步充实了中国的历史资料,并把中国历史又上溯了几千年。在全世界,很少有哪个区域的历史过程有如此丰富、完整的资料。既然如此,在中国这样大的地域,这样长的时间内积累起来的众多资料中,所看到的历史发展的法则,是否应该对社会科学的一般理论,即对于社会科学关于文化、历史发展的一般法则,具有真正新颖的启示,或有所开创?这是研究中国考古学的学者们的一个重大的任务。

回答这个问题的第一个关键,是要建立对中国古代社会主要特征的认识;第二个关键,是要了解世界史,了解世界史研究中的一般观点和存在的问题。这样我们才能看到中国古代史在世界史上的重要性。我今天就从这两个方面进行讨论,最后谈一下我们对中国古代文明起源的了解,对于社会科学的一般法则应该有些什么样的贡献。

一

经过近几十年来考古学、历史学等各方面积极的研究,我们对中国文明开始的过程,以及从中看到的动力、法则已经有了比

---

[1] 张光直:《中国青铜时代》,2页,北京:三联书店,1983年。最近到了北京,看到了刚刚出版的《新中国的考古发现和研究》(北京:文物出版社,1984年),第3页上有夏鼐先生这样一段话:"由于古代中国在世界文明史中所占的地位,中国考古学的工作是有世界性的意义的。这三十年来中国考古学的飞跃的进展,使研究世界古代文明史的学者们对于全球性的理论问题提出新看法或修改旧看法的时候都要把中国考古学的新成果考虑进去。"

较清楚的了解。因此，研究中国的学者对于世界社会科学作出贡献的时间应该是已经到来了。那么，如何说明中国古代文明体现的法则呢？这可以有多种方式。这里我们先对中国古代文明做一个简单的综合。下面所举的不能说代表了整个中国古代社会的特征，但这里提出来的特征，在讨论中国古代文明的世界性这个问题上是值得提出来的。

中国古代文明中的一个重大观念，是把世界分成不同的层次，其中主要的便是"天"和"地"。不同层次之间的关系不是严密隔绝、彼此不相往来的。中国古代许多仪式、宗教思想和行为的很重要的任务，就是在这种世界的不同层次之间进行沟通。进行沟通的人物就是中国古代的巫、觋。从另一个角度看，中国古代文明是所谓萨满式（shamanistic）的文明。这是中国古代文明最主要的一个特征。

把世界分成天、地、人、神等不同层次，和不同层次的沟通，乃是宗教人物的重要任务，这在中国古代文献中记载很多。重要的如《山海经》、《楚辞》、《国语》等等。《国语·楚语》中有一段话，把古代世界的分层以及巫、觋在层次之间沟通的关系讲得很清楚：

> 昭王问于观射父曰：《周书》所谓重黎实使天地不通者，何也？若无然，民将能登天乎？对曰：非此之谓也。古者民神不杂，民之精爽不携贰者，而又能齐肃衷正，其智能上下比义，其圣能光远宣朗，其明能光照之，其聪能听彻之；如是，则明神降之，在男曰觋，在女曰巫。是使制神之处位次主，而为之牲器时服，而后使先圣之后之有先烈，而能知山川之号，高祖之主，宗庙之事，昭穆之世，齐敬之勤，礼节之宜，威信之则，容貌之崇，忠信之

质,禋絜之服,而敬恭明神者,以为之祝。使名姓之后,能知四时之生,牺牲之物,玉帛之类,采服之仪,彝器之量,次主之度,屏摄之位,坛场之所,上下之神,氏姓之出,而心率旧典者,为之宗。于是乎,有天地神民类物之官,是谓五官,各司其序,不相乱也。民是以能有忠信,神是以能有明德,民神异业,敬而不渎,故神降之嘉生,民以物享,祸灾不至,求用不匮。及少皞之衰也,九黎乱德,民神杂糅,不可方物,夫人作享,家为巫史,无有要质,民匮于祀,而不知其福,烝享无度,民神同位,民渎齐盟,无有严威,神狎民则,不蠲其为,嘉生不降,无物以享,祸灾荐臻,莫尽其气。颛顼受之,乃命南正重司天以属神,命火正黎司地以属民,使复旧常,无相侵渎,是谓绝天地通。

这段话的大意是说:楚昭王向大臣观射父询问《周书》中重、黎绝天地之通是怎么回事。观射父回答说:古时候民神不杂,有特殊才力的男女(觋、巫)才是通天地的。到少皞之衰,九黎乱德,民和神混杂,就是说人人都可以通神了,颛顼就派重、黎把民和神分开,天属神,地属民。

把世界分成天地人神等层次,这是中国古代文明重要的成分,也就是萨满式世界观的特征。萨满这个名词好像离中国历史文明距离很远似的,其实它在全世界是相当普遍的。中国古代的萨满是从什么时候开始有的,我们还不清楚,但至少在仰韶时代我们已有巫师的具体迹象了。半坡仰韶文化遗址的彩陶盆上有"鱼形装饰"的人头花纹,是大家都很熟悉的。《山海经》里面的巫师常常"珥两青蛇",郭璞的注说是"以蛇贯耳"。半坡的人面

"以鱼贯耳",好像是巫师的一种形式。半山的彩陶里有一个盆,腹内画着一个人像,胸部把肋骨画了出来(图一)[1]。这是一种所谓 X 光式的图像,这种图像自旧石器时代晚期便在旧世界出现,后来一直伸展到新大陆。用这种方式所画的人和动物常表现出他们的骨骼甚至内脏,好像是用 X 光照出来似的,是一种典型的与萨满巫师有关的艺术传统[2]。仰韶时代这两种人像,在中国史前时代存在巫师的问题上,给予我们非常鲜明的启示。

还应该指出的是:中国古代巫师沟通天地时所用的工具与全世界萨满式文化使用的工具大致相同[3]。这些工具中我们可以举出来的第一个是神山。大家知道,中国古代有五座神山,这在《史记·封禅书》里有最早的完整的记载。《山海经》里提到几座山,特别讲到巫师上下这些山的情况。当中有个登葆山,是"群巫所从上下也"。在全世界萨满式的想法中,把山当做地到天之间的桥梁是很常见的。美国芝加哥大学从事萨满研究的学者埃里亚德(M. Eliade)对此有个术语,叫做"地柱"(axis mundi),就是说这种柱子从地下通到天上,通天地的萨满可以通过爬这个柱子,从一个世界到另外一个世界去[4]。《山海经》中还有:"灵山,……十巫从此升降","肇山,有人名曰柏高,柏高上下

---

[1] 原件是安特生采集的,见 J. G. Andersson, Researches into the Prehistory of the Chinese, 远东古物博物馆志(瑞典,斯德哥尔摩,1943 年),15 期,图版 182。
[2] 关于 X 光式萨满艺术,见 Joseph Campbell, *The Way of the Animal Powers* (London: Summerfield Press, 1983), 132 页。
[3] 关于中国古代巫术及其法器、工具,可以举下面几本著作所讨论的作例子:江绍原:《中国古代旅行之研究》(上海,商务印书馆,1935);陈梦家《商代的神话与巫术》,《燕京学报》第 20 期(1936);周策纵《中国古代的巫医与祭祀、历史、乐舞及诗的关系》,《清华学报》(台湾新竹),新十二卷,第一、二期,1979,1—60 页;张光直上引《中国青铜时代》;K. C. Chang, *Art, Myth, and Ritual* (Cambridge: Harvard University Press, 1983)。
[4] Mircea Eliade, *Shamanism* (Princeton University Press, 1964), p. 266.

图一　半山彩陶上的 X 光式人像

于此,至于天",等等。这类记载讲的是山和巫师上下的关系,由此也可以看出山是中国古代一个通天地的工具。

第二种通天地的工具是若干种树木。这也是萨满文化中所常见的所谓"世界之树"或"宇宙之树"。《淮南子》中记载:"建木,在都广,众帝所自上下。"在中国古代传说里关于树木的神话,主要有扶桑的神话和若木的神话。这些都与沟通天地有关。

沟通天地的第三种工具是龟策,也就是甲骨和八卦。这是普通的、最容易理解的通天地的工具。

再有一种工具便是各种动物。我们要注意的是:在渔猎时代,我们的祖先跟自然界动物之间的关系是非常密切的。动物是人在自然界里面的伙伴。在萨满文化里,通天地的最主要助手就是动物。在中国,这种动物的特性常常被忽略了。要指明动物在这方面的重要性,最常见的文献是《左传》,讲到楚子(庄王)观兵于周疆,周定王使王孙满劳楚子,楚子就问鼎的大小轻重。大家记得这样几句话:

> 昔夏之方有德也，远方图物，贡金九牧，铸鼎象物，百物而为之备，使民知神奸。故民入川泽山林，不逢不若，螭魅罔两，莫能逢之。用能协于上下，以承天休。

这段话说明：把各种动物的纹样铸在鼎上，目的是用来"协于上下"，也就是沟通天地。这类记载也许在中国古代文献中失掉不少，但在青铜时代的各种器物上还可以看到许多动物的形象。这种动物实际上是古代的宗教人物（巫师）通天地时的助手。

巫师和动物之间的具体关系又是怎样的情况呢？我们看到的资料太少，倒是在《道藏》中找到一些有意思的资料，我觉得不妨谈一下。虽然《道藏》的年代较晚，但是，可否认为它的若干成分是从汉代甚至先秦传下来的？《道藏》中有一部经叫《太上登真三矫灵应经》，讲道人如何召唤龙、虎、鹿，其中最有意思的一段是：

> 夫三矫经者，上则龙矫，中则虎矫，下则鹿矫。……凡用虎矫者，先当斋戒七日，于庚寅日夜半子时立坛，下方上圆，地方一丈二尺，天圆三尺，用灰为界，道上安灯七盏，香一炉，鹿脯七分，白茆草一握，安排了当，然后焚香告祝，其处姓名甲弟子性好清虚入道，今告玉帝愿赐风岩猛虎一只，与弟子乘骑奉道济度生灵。然后将玉帝印一道含于口内后念咒曰：庚辛妙机风虎将三天敕命及吾乘，急急如玉帝律令敕！咒毕清心守一，屏除外事，鼻息绵绵，心思注想白虎一只从西而来到坛上，想之用手摩之顶门，四十九息远之，至夜，一依前法为之，满六十日足自有虎一只来于胯下，更不用别物持之，天赐全烝，自然成就，不觉身轻离地百余丈，勿得惊怖，游太空及游洞天福地，精怪外道不敢相干，到处自有神祇来朝觐。

其余召唤龙、鹿之矫的原理是类似的。道士召唤龙、虎、鹿矫,这种传统是否由来于更早时候巫师召唤动物,帮助他游"洞天福地",与神接触?这种可能是有的。在先秦的考古资料中也可以看出:先秦器物,无论是铜器、木器、漆器、玉器、骨角器等,都充满了各种动物纹样,这些动物纹样很显然是巫师通天地时的助手,是非常重要的工具。

此外,还有歌舞、音乐,这在《楚辞》中有很多描写。《楚辞》中有许多诗就是歌词。在歌舞时穿着各种服装,服装上有诸如镜子之类的各种装饰。

最后,中国古代巫师通天地时所用的工具可能包括各种药料。为我们熟知的是酒。古代的铜器、陶器、漆器中,作为饮酒使用的酒器是很多的。酒在中国古代仪式上使用也非常普遍。青铜礼器中除食器之外酒器最多。巫师要喝醉了,造成一种迷糊状态。在这种状态下他说不定便可以看到祖先,看到死去的人或是所沟通的对象。所以对于巫师来说,酒也许是必不可少的"工具"。

食用灵芝草和大麻在中国古代能早到什么时候?在新石器时代,所食的五谷中就有麻籽,麻的纤维也用来做衣服。用麻来达到一种神经失常的状态还没有直接证据。但在东汉《百草经》中讲到麻时有这样一段话:

> 麻蕡,味辛平,有毒。主五劳七伤,利五脏,下血寒气,破积,止痹,散脓。多食令见鬼,狂走。久服通神明,轻身。

最后这一句是特别值得注意的。

以上讲的是中国古代萨满几种常见的通神工具,另外还有能很好说明中国古代宇宙观，也作为通天地工具的中国玉器里的琮。古代的琮通过很小的体积，把上面讲到的中国古代社会的很多特征都包括在其中。琮的方、圆表示地和天，中间的穿孔表示天地之间的沟通。从孔中穿过的棍子就是天地柱。在许多琮上有动物图像，表示巫师通过天地柱在动物的协助下沟通天地。因此，可以说琮是中国古代宇宙观与通天行为的很好的象征物。

以上我介绍了中国古代社会的主要特征，即把世界分为天地人神不同层次。中国古代文明的许多表现，跟天地人神之间的沟通都是有直接关系的；具体进行沟通工作的是巫师，也就相当于民族学上的"萨满"。

前面提到的《国语·楚语》中观射父讲的绝天地之通的古代神话，在研究中国古代文明的性质上具有很大的重要性。神话中的绝天地之通并不是真正把天地完全隔绝。实际上在楚国，天地之间的沟通是非常频繁的。这个神话的实质是巫术与政治的结合，表明通天地的手段逐渐成为一种独占的现象。就是说，以往经过巫术、动物和各种法器的帮助，人们都可以与神相见。但在社会发展到一定程度之后，通天地的手段便为少数人所独占。

杨向奎先生很早就明确提出这一观点。他在《中国古代社会与古代思想研究》中说道：

> 我们虽然不能完全明瞭他（即观射父）的意思，但可以知道，是说在九黎乱德以后，人人做起神的职分来。分不清楚谁是神，谁是人了。这样民神同位的结果，老天也觉得麻烦，于是派下重和黎来，使重管神的事，黎管民的事。那就是说，人向天有什么请求向黎去说，黎再通过重向天请求。这样是巫的职责专业化，此后平民再不能直接和上帝交通，王也不兼神的职务了。……国王们断绝了

天人的交通，垄断了交通上帝的大权。[1]

天与地的沟通就为少数人所独占。

通天地的手段与政治权力有直接的关系，这个道理是很清楚的：天、神是知识的源泉，通天地的人是先知先觉。在古代，自然资源开发不足，人们生活很困难、很被动。能够先知先觉的人或是说人们相信他能先知先觉的人，就有领导他人的资格。《墨子·耕注》中讲道："巫马子谓子墨子曰，鬼神孰与圣人明智？"墨子的回答是："鬼神之明智于圣人，犹聪耳明目之与聋瞽也。"通天地的各种手段的独占，包括古代仪式的用品、美术品、礼器等等的独占，是获得和占取政治权力的重要基础，是中国古代财富与资源独占的重要条件。换言之，在中国古代，财富的积累主要是通过政治手段，而不是通过技术手段或贸易手段的。所以中国文明产生中的许多新成分是人与人之间关系变化的结果。这种关系的变化，并不造成人与自然环境之间的隔绝。因此，中国文明产生之后，我们在文明社会中发现了很多所谓"蒙昧时代"和"野蛮时代"文化成分的延续。我这里可以举出一些。

最重要的延续是生产工具。中国青铜时代文明的产生，在生产工具上并没有明显反映出由野蛮时代到文明时代这一重大历史变化。石、木、骨、蚌仍是生产工具主要的原料。青铜在这个文明社会中主要用途不是制造生产工具，而是制造与政治权力相关的器物。《左传》里有句名言叫做："国之大事，在祀与戎。"中国古代青铜的使用就是围绕这类"国之大事"而展开的。用于祭祀的是大量青铜礼器，用于军事的就是各种兵器。这样，从野蛮

---

[1] 杨向奎：《中国古代社会与古代思想研究》上册，163—164页，上海人民出版社，1962年。

时代到文明时代，中国的生产工具和生产技术的延续是相当明显的。

再一个例子是中国的古代城市。我引侯外庐先生的话，说明中国古代城市与以前氏族制度的延续性。侯先生这样讲道：

> 氏族遗制保存在文明社会里，两种氏族纽带约束着私有制的发展。不但土地是国有形态，生产者也是国有形态。在上的氏族贵族掌握着城市，在下的氏族奴隶住在农村。两种氏族纽带结成一种密切的关系，都不容易和土地连结。这样形成了城市和农村特殊的统一。[1]

用这个特殊性和其他的文明做比较就可以看出：中国文明时代的亲族制度和国家的统一关系，就是中国古代的宗法制度。氏族或宗族在国家形成后不但没有消失、消灭或重要性减低，而且继续存在，甚至重要性还加强了。《左传》中讲的封建制度，就反映出中国古代亲族制度、氏族制度、宗族制度和国家政治之间的统一的关系。

我们还可以举出文字上的连续性。尽管在文字起源方面还有许多问题要讨论，但可以这样说：作为中国文明时代重要特征之一的文字，它的作用是与政治，与亲族的辨认，与宗教仪式等密切相关的。这使我们有理由相信，中国文明时代的文字，是陶文在野蛮时代的主要作用在文明时代的延续。

在意识形态上，我的同事杜维明先生所说的"存有的连续"，也是中国古代意识形态和哲学上的重要基调。杜先生在《试谈中国哲学中的三个基调》一文中有一个题目叫"存有的连续"

---

[1] 侯外庐：《中国古代社会史论》，30页，香港：三联书店，1979年。

(continuity of being)，在这里他写道：

> 瓦石、草木、鸟兽、生民和鬼神这一序列的存有形态的关系如何，这是本体学上的重大课题。中国哲学的基调之一，是把无生物、植物、动物、人类和灵魂统统视为在宇宙巨流中息息相关乃至相互交融的实体。这种可以用奔流不息的长江大河来譬喻的"存有连续"的本体观，和以"上帝创造万物"的信仰，把"存有界"割裂为神凡二分的形而上学绝然不同。美国学者牟复礼指出，在先秦诸子的显学中，没有出现"创世神话"，这是中国哲学最突出的特征。这个提法虽在西方汉学界引起一些争议，但它在真切地反映中国文化的基本方向上，有一定的价值。[1]

这样我们可以把以上对中国古代文明的主要特征的认识再做一个扼要阐述，这就是：经过巫术进行天地人神的沟通是中国古代文明的重要特征；沟通手段的独占是中国古代阶级社会的一个主要现象；促成阶级社会中沟通手段独占的是政治因素，即人与人关系的变化；中国古代由野蛮时代进入文明时代过程中主要的变化是人与人之间关系的变化，而人与自然的关系的变化，即技术上的变化，则是次要的；从史前到文明的过渡中，中国社会的主要成分有多方面的、重要的连续性。

二

上面把中国古代社会的特征做了简单说明，是为了把具有这

---

[1] 文载《中国哲学史研究》1981年第1期，19—20页。

些特征的中国古代社会放在西方社会科学的一般原则中作一番考察，看看两者是否合辙。如果合辙的话，那么我们可以说中国的材料加强了西方社会科学的这些原则；如果两者不符合，我们就要处理其中的矛盾，也就是根据中国古代社会的资料来改进这些原则，或甚至试求建立一些新的原则。

我是在西方从事教学和研究的，接触的多是西方学说。西方社会科学中一般被认为具有普遍适应性的学说主张是：文明出现的主要表现是文字、城市、金属工业、宗教性建筑和伟大的艺术；文明的出现，也就是阶级社会的出现，这是社会演进过程中一个突破性的变化。就西方的一般学说而言，造成这一变化的主要因素有下述几点[1]。

最常提到的是生产工具、生产手段的变化所引起的质变。这主要指金属器的出现，金属与生产手段的结合。这里尤其重要的是灌溉技术、水渠的建设。

第二种因素是地缘的团体取代亲缘的团体。即在人与人的关系中，亲属关系愈加不重要，而地缘关系则愈加重要，最后导致国家的产生。

第三种因素是文字的产生。产生文字的主要动机据说是技术和商业上的需要。这是因为技术和商业的发展造成人与人之间关系的复杂化，也就产生了记录这些关系的需要。

第四种因素是城乡分离。城市成为交换和手工业的中心。

---

[1] 这一类的西文著作不胜枚举，可以下面三题为例：V. Gordon Childe, *Man Makes Himself*（初版，1936 年，New Amerjcan Library 版，1951 年）自 30 年代以来产生很大影响。Robert McC Adams, *The Evolution of Urban Society*（Chicago：Aldine, 1966）代表新一代的注重文化生态学的看法。John E. Pfeiffer, *The Emergence of Society*,（New York：Mc Graw-Hill, 1977）是最新的综述报告。

在城乡分离的情况下，造成贸易的需要，就是加工前后的自然资源在广大空间的移动。

以上是我所常见的西方社会史家关于野蛮时代到文明时代主要变化原因的一般观点。下面我想举一些个别的例子。比较早的是恩格斯，他在《家庭、私有制和国家的起源》（1884）中写道：

> 文明时代巩固并加强了所有这些在它以前发生的各次分工，特别是通过加剧城市和乡村的对立（或是像古代那样，城市在经济上统治乡村，或者像中世纪那样，乡村在经济上统治城市）而使之巩固和加强。此外它又加上了一个第三次的、它所特有的、有决定意义的重要分工：它创造了一个不从事生产而只从事产品交换的阶级——商人。[1]

美国近代社会进化论者莱斯利·怀特（Leslie White）把人类文化演进上最初的一次质变看成是由基于亲属制度的个人关系和地位的社会（societas），朝向基于地域财产关系和契约的社会（civitas）的变化[2]。

欧洲研究文明时代考古的剑桥大学的科林·伦福儒教授（Colin Renfrew）有一本《文明的起源》，是讲爱琴海文明起源的。书中对文明的说法可以说代表了现代西方社会科学的主流。他写道：

> 一个文明的生长程序，可以看作人类之逐渐创造一个

---

[1] 恩格斯：《家庭、私有制和国家的起源》（单行本），163页，人民出版社，1972年。
[2] *The Evolution of Culture*（New York：Mc Graw-Hill，1959）.

较大而且较复杂的环境，不但通过生态系统中较广范围中的资源的进一步开发，在自然境界中如此，在社会与精神的境界中亦然。并且，虽然野蛮的猎人居住在一个在许多方面与野兽没有什么不同的环境（纵然这个环境已为语言的使用以及一大套的文化中的其它人工器物的使用所扩大），而文明人则住在一个差不多是他自己创造出来的环境。在这种意义上，文明乃是人类自己创造出来的环境，他用来将他自己从纯自然的原始环境中隔离开来。[1]

这种具有代表性的观点表明：文明与野蛮的不同在于文明人把他自己与自然的原始环境隔离开来。其中的重要含义即：文明是在技术和贸易经济的新环境中形成的。

尽管在西方的社会科学中还有不同的派别和不同的观点，但上面所引的观点在一百多年来具有相当的代表性。不但如此，而且西方社会科学家在讨论社会科学法则时，暗示或全然表示这些法则在全世界的适用性。如果哪个地区的文明发展的历史不符合这些观点，那就有两种可能，或是这种文明属于一种变体或例外，或是上述一般法则有待于充实。

前面谈到的中国古代社会的基本特征与上述西方社会科学家所提出的文明产生的法则很显然的有基本点上的不同，这些不同之处是广泛的，我不需一一再来重复。那么中国文明的产生是不是一种变体，即一种特殊的情况呢？这一方面也就牵涉到马克思主义中亚细亚生产方式的问题。有一些西方学者注意到了这个问题，所以西方社会科学中有若干观点认为，从原始社会到阶级社会有着不同的转变方式：

---

[1] *The Emergence of Civilization* (London: Methuen, 1972), p. 11.

中国的侯外庐先生讲到亚细亚生产方式时说:

> 土地氏族国有生产资料和家族奴隶的劳动力二者之间的结合关系,这个关系支配着东方古代的社会构成,它和"古典的古代"是同一个历史阶段的两种不同途径。[1]

美国现代学者霍布斯鲍姆(E. J. Hobsbawm)对于马克思的前资本主义生产方式也有这样一段话:

> 广泛地说,从原始生产制出来有三四个不同的途径,分别代表已经存在或暗存的劳动的社会分工形式,这便是:东方的、古代的、日耳曼的,以及一个后来没有再讨论的斯拉夫式的几种不同的途径。[2]

上面两位学者所讲的途径,是西方和东方社会科学所要处理的重要问题之一。从世界上古史的立场看,从我和一些同事们所了解的古代文明的不同变化方式来看,或从宏观的角度看,上述不同方式的说法值得我们进一步考虑。

我认为我们可以把所有这些方式合并为两种最主要的方式:

---

[1] 侯外庐:《中国古代社会史论》29 页,香港:三联书店,1979 年。
[2] Karl Marx, *Pre-Capitalist Economic Formations* (New York: International Publishers, 1964), E. J. Hobsbawm's "Introduction", pp. 32–33.

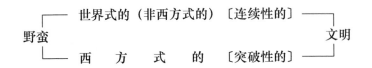

我们从世界史前史的立场上,把转变方式分成两种。即把眼光扩展到欧洲、近东、非洲、中东、远东、大洋洲和美洲,我们可以看出两个大空间的不同方式。一个是我所谓世界式的或非西方式的,主要的代表是中国;一个是西方式的。前者的一个重要特征是连续性的,就是从野蛮社会到文明社会[1]许多文化、社会成分延续下来,其中主要延续下来的内容就是人与世界的关系、人与自然的关系。而后者即西方式的是一个突破式的,就是在人与自然环境的关系上,经过技术、贸易等新因素的产生而造成一种对自然生态系统束缚的突破。

这是我新近的一种想法,要充分证实它,还需要许许多多的比较工作。我们是搞人类学、考古学的,我们掌握着世界性的历史材料,只有把这些材料加以比较,我们才能得出一个综合性的、接近事实的结论。

这种比较工作的一个初步印象,是在中国以外我们可以看到埃及、印度河流域、东南亚、大洋洲和中美洲、南美洲的古代文明的若干因素,从野蛮时代到文明时代这一过程中,在其连续性上与中国的相似之处远远超过它们与前面介绍的西方社会科学中

---

[1] 我认为"野蛮"和"文明"这两个词是不合适的。蒙昧(savagery)、野蛮(barbarism)和文明(civilization)是摩尔根在《古代社会》里所用的名词。在英文中,Savagery 和 Barbarism 两个词的意思相近,都是不文明的意思。但在实际上,原始人的行为、人与人之间的关系以及对动物的态度等,比所谓文明人要文明得多。我们也知道:战争、人和人之间的暴力关系只是到了文明时代才愈演愈烈的。从这个意义上看,倒是把野蛮时代和文明时代的顺序颠倒过来才算合适。因此我觉得,这些词无论是翻译还是原文都有问题。这些名词给我们一种先入为主的偏见,容易造成我们对自己祖先的成见。

所谓通用的法则的相似。这里我只举玛雅（Maya）文明作一个例子。对玛雅文明的研究是美国考古学界的一个伟大业绩。研究玛雅的书籍和资料相当多，通过这些研究我们了解到：玛雅是中美印第安人所创造的文明，其分布主要在墨西哥。玛雅文化大约在公元前后进入它的"古典式"，开始有文字和很高明的历法，这种历法和中国的干支有很大的类似。

玛雅文明也是在史前时代的基础上出现的。出现时有文字、阶级社会和战争，有非常繁缛的仪式和伟大的建筑，等等。从这些特征来看，玛雅文明无疑已经从野蛮社会进入了文明社会。但与前面我介绍的中国文明相似，玛雅从史前到文明的转变也没有牵涉到技术上的突破，他们在生产工具上仍使用史前时代的石器；没有任何能使我们信服的大规模的灌溉系统；在这个新兴的阶级社会中，仍然是通过宗教仪式行为来掌握和决定政治行为的；文字也完全是在仪式、政治和历法上使用的；亲属制度、氏族制度或称宗族制度，也与国家强烈结合，与城市密切结合；在他们的世界观中，亦把世界分为三层，由宇宙之树串通不同的层次，人通过树和其他的工具也可以从一个世界到另一个世界去；宇宙树上有鸟，鸟也是人神的重要助手；玛雅的陶器和艺术品中的动物也有很大的重要性，而动物所扮演的一个角色也是沟通不同世界的助手，等等。

继续比较下去还可以看到，整个中美洲的文明是一个连续体。玛雅文化以后就形成了在墨西哥的阿兹忒克（Aztec）文化，其首都是特诺其蒂特兰（Tenochititlan）。1979 年，里查德·汤森（Richard Townsend）写了一本关于特诺其蒂特兰文明的宇宙观和国家形态的书（*State and Cosmos in the Art of Tenochititlan*），我这里引其中的一段，各位可以与前面引的科林·伦福儒教授的那段话进行比较：

从 Tlatelolco 的观点来看，Mexica［即阿兹忒克人］皇帝与他的西班牙宾客都根据同样的理由而欣赏 Tenochtitlan 及其周围的郊区：这个地区异常的美丽，有想象不到的财富，并有令人可畏的权威，充满了印第安人与西班牙人一起注意到的一个伟大的存在。但是这两种民族的观感在若干基本方面有所不同……Mexica 人把他们的城市与其自然环境之间的关系看成一个内容整合的宇宙性的结构——一个有秩序的世界，在其中各种自然现象被当作在根本上是神圣的、活的，并且与人类的活动可以密切地结合起来。这种看法与欧洲人的作对比——欧洲人把城市看作文明的人工产物，在其中宗教与法律的制度将人类的特性与未经驯服的自然的特性尖锐的区分开来。西班牙的教士和兵士们自动地就把他们自己当作人类，放在创造出来的分层世界中比其他生命形式为高的一个层次上。但是印第安人则以一种参与的意识来掌握自然现象：宇宙被看成生命力量的关系的反映，而生命的每一方面都是一个彼此交叉的宇宙系统的一部分。[1]

这种印第安人对自然的宇宙观，在他们的城市建筑和他们的文明各方面所表现的与自然的关系，与中国古代的自然观是可以有相通之处的，而与科林·伦福儒教授所代表的西方社会科学的一般观点有相当基本的不同。

那么，我们怎么解释中国文明与中美文明的相似呢？这是个老问题。有不少人看到商周艺术和思想与中美洲文明的相似，但

---

[1] Richard Townsend, *State and Cosmos in the Art of Tenochititlan* (Washington, D. C., Dumbarton Oaks, 1979), p. 9.

一般都用传播论来解释这些相似。这就是所谓"超越太平洋的传播"（Trans-Pacific diffusion）。接受这种观点的人并不多，尤其美洲学者一般多是不接受的。因为中国和美洲的古代文明的相似面是非常广泛的，也代表了相当长的时间。如果考虑到二者之间遥远的空间距离，即使有所接触也不会是全面的、连续的。一些偶然的接触又不太可能造成这样广泛的相似性。

我新近得到另外一种解释这个问题的途径：虽然它们起源不同，但中国文明和中美文明实际上是同一祖先的后代在不同时代、不同地点的产物。我把这一整个文化背景叫作"玛雅—中国文化连续体"。所以这样称呼是因为目前我们对中国文明和玛雅文明了解得比较清楚，而实际上这个连续体的地理范围是整个旧大陆和新大陆，其时间也远远超过中国文明或玛雅文明起源的时间，至少可以早到旧石器时代晚期。从这种观点来讲，我们旧石器时代的祖先，他们的文化，尤其是美术、思想和意识形态的发达程度，远远比我们现在从极有限的考古资料中（通常只有少数的石器类型）所看到的要高得多，而我们对他们的文化水平常常低估。

二三万年以前，大部分印第安人通过白令海峡从亚洲到美洲的时候，他们从亚洲带到美洲的文化内容可能是意想不到的丰富的。这便是我们称为玛雅—中国文化连续体向新大陆的伸延。我们通过考古学和民族学的研究能够认识到它的一些什么内容呢？我们可以有相当把握举出的是巫术和萨满文化，就是在他们的世界观中把世界分成不同的层次，巫师可以在不同层次之间往来，他从事这种沟通时有这样一些助手和工具：各种法器，其中可能包括葫芦、酒、药物，各种动物和天地柱[1]。

---

[1] 关于旧石器时代后期的萨满及有关各种信念、法器和动物的角色，Joseph Campbell, *The Way of the Animal Powers*。

关于葫芦和动物稍微多说两句。植物学家相信葫芦的来源只有一处,而古代在非洲、亚洲、美洲都有发现。因此,有人认为它是由传播而扩散四处的。因为葫芦不仅可以食用,还可以做容器,有的道士或凡人就用它来装酒,还有的北方的原始民族的萨满用它盛各种药物。有人想象着印第安人过白令海峡时腰里就挂着葫芦。关于动物,我们可以说古代人与动物的密切关系是从更早的时代传递下来的。在狩猎的社会里,人很熟悉动物的习性,人与动物的主要关系是在同一个生态系统里共存共生,彼此作为邻居,甚至作为伙伴,关系非常密切。在美洲文明里人把动物称作"那画利",与人是难以分开的伙伴。

在二三万年前,穿过白令海峡的印第安人还十分有可能具有的文化成分是:进行人物或动物绘画时只表现其内部骨骼或内脏的所谓"X光式的美术","枪矛投掷器(atlatl)",洞穴艺术,对自然历法一定程度的认识,等等。

以上是要说明,在二三万年前到一万多年以前,人类通过白令海峡到新大陆,在这个源源不断的过程中,他们具有的文化装备是相当复杂的。在这种程度很高的文化的基础上,后来于不同的地方、不同的时间就产生了相似的文明社会。其中包括公元前二三千年前产生的中国青铜时代文明,也包括公元前后在墨西哥产生的玛雅文明,以及其他性质相近的文明。

在这些不同地点、不同时间中产生的文明社会,促使它们产生的一个主要动力就是人与人之间关系的变化,这种变化在这些地区远远超过人与自然之间关系的变化。这使这些文明社会中从史前延续下来的宇宙观、巫术、天地人神的沟通以及借助这种沟通所独占的政治权力等等,能够充分地发挥作用,因而导致这些文明社会有基本性的相似。

在这个世界性的变迁过程中,两河流域发生了例外。

大家知道，公元前四千纪后期，也就是公元前三千多年以前，两河流域出现了乌鲁克（Uruk）文化，它所代表的是苏末人（Sumerian）的社会。苏末社会是两河流域最早有文字记载的和具有丰富考古遗物的文明社会。致使这个文明出现的因素很难充分考证，但是很清楚的，这个文明产生的动力与前面讲到的那些非西方式文明产生的动力，从考古和历史资料上看好像有根本的区别。这个文明的产生反映了人类社会从生态系统束缚中的首次突破，而其中主要的手段是技术，而不是上面所说的那些其他文明中的政治和宗教仪式。

在苏末文明里，我们可以看到金属工具用于生产和灌溉，灌溉的重要性非常明显；贸易在苏末文明中也有很重要位置，造成原料与产品的广泛移动；楔形文字无疑是为了记录愈加频繁的经济、贸易活动而产生的。

苏末文明中的另一个现象是：它的宇宙观与玛雅—中国文化连续体有非常大的分歧。在这种宇宙观中，有一个与人截然分开的神界，这些神具有造物的力量，包括创造生命的力量。这种宇宙观和与国家分立的庙宇的产生是有密切关系的。国家和庙宇都是土地占有者。在这种情况下，亲属制度被破坏，亲缘关系为地缘关系所取代。这样，从苏末文明到两河流域一系列新的文明现象，一直到后世的古典时代希腊罗马的文明所呈示的现象，与西方社会科学家所谈的文明起源的情况完全符合。苏末这个突破性的文明，成为现代西方文明的一个最主要源泉。

我们不妨提出一个对世界史前史的新的基本看法：从旧石器时代，人类就具有非常丰富的文化内容。它的代表，我称为玛雅—中国文化连续体。这个连续体后世在不同时间、不同地点产生了一连串的文化，这一连串的文化中间就包括中国文化和玛雅文化在内。在公元前四千纪后期，两河流域发生了西方式文明的突破，这个突破造成了与玛雅—中国文化连续体不同的、一连串新文化成分的产生。在这些新文化成分中，主要的关系是经济、技术的关系，亦即人对自然的关系。对于这些新文化来说，科林·伦福儒关于文明是人自己积极创造出来的这一定义是完全正确的。问题在于他这个结论所依据的历史事实不过是人类历史的一部分事实，而这些事实从世界范围看甚至可以说是个例外。根据这些历史事实得到的社会科学法则，就不能马上说有全世界的适应性。近代的社会科学是西方文明历史的产品，是西方文明历史经验的总结。因此，它的一般性的法则，实际上很自然地适用于西方文明历史的法则。

现在可以回到我在这一讲开头所提出的问题上去：中国上古史对世界史有什么重要性呢？我们的回答是，根据中国上古史，我们可以清楚、有力地揭示人类历史变迁的新的法则。这种法则很可能代表全世界大部分地区文化连续体的变化法则。因此，在建立全世界都适用的法则时，我们不但要使用西方的历史经验，也尤其要使用中国的历史经验。根据这些历史事实建立的法则，其适用性会大大加强。同样，如果从中国历史、玛雅历史及其他非西方的历史中概括出一般的法则，并由此对西方社会科学的法则作出加强或甚至改进，那么中国上古史也将发挥它很重要的作用。为此我相信各位会同意：研究中国的古代史不能不研究世界史，研究世界古代史更不能不研究中国史。

第二讲 从世界古代史常用模式看中国古代文明的形成

在第一个题目中举例讨论了中国上古史的研究可以对世界史作出贡献。在这第二个题目下，我想反过来讨论世界史上常用的一些理论构想和常用的方法体系对中国古代史的启示性的作用。这里要谈到中国文明的形成，但我重点不是讲中国文明形成的资料，也不是介绍中国文明的研究成果，而是从世界古代史常用的理论、方法和模式来看中国古代文明形成问题的研究途径。

一 农业生活起源的契机

农业生活对于世界人类历史讲是一个重要的转捩点，谈到古代文明当然离不开农业。所以，我从农业生活的起源问题开始。

从全世界来看，农业生活即所谓新石器时代的文化，一般在一万两千年前到一万年前开始形成，这是在几个农业起源的中心地点已经确立的事实。为什么大致在同时期的不同区域不约而同地发生这种现象？如何解释这种农业生活发生的契机？

在考古学中，有相当多的人研究这个问题。即使用最简单的历史观点，也可以把人类的生业历史分成所谓渔猎采集时代和农业时代。从食物的采集到食物的生产，这个变化是人类历史上的一个转捩点,是非常重要的质的变化。所以,英国考古学家柴尔德(V. G. Childe)把这个变化称为"新石器时代革命"[1]。

在这里我想从另一方面特别指出,旧石器文化研究的成果表明,人类对环境的认识和掌握,对野生植物的试验、了解,是经过长时期的历史过程。所以,农业生活起源的第一个契机,就是要确认旧石器时代文化的丰富性。

上一讲谈到中国古代文明和中美玛雅古代文明之间的关系时曾经指出:在旧石器时代晚期,人类经过白令海峡的时候,已经有相当丰富的意识形态和物质文化的内容。我们还特别强调了,他们对当时同在一个生态系统中生存的动物也是非常熟悉的。这里要加说明的是:旧石器时代人类虽然以采集渔猎为生,但他们对野生植物的习性以及它们可以利用的潜力也一定是非常熟悉的。中国的神农神话,讲到神农尝百草来认识各种野生植物对于人的食用或医药价值。这个神话就反映了远古时代人们对野生植物的认识情况。

从旧石器时代人类对动物、植物的丰富了解再推进一步,旧石器时代晚期的人们是怎样开始对若干的野生植物加以栽培的?或者说,农业的形成过程是怎样的?这个问题的回答当然要靠每个地区的资料,但下面我想先介绍比较主要的几种理论上的解释方式。

第一位要介绍的是美国地理学家索尔(Carl. O. Sauer)。在美国是他率先从地理学、植物地理学以及民族学的角度推论农业起源问题的。1952年,他写出了《农业的起源和传播》一书

---

[1] "Neolithic revolution"。在柴尔德的历史系统中有两个很重要的革命,除新石器革命外还有一个"城市革命"(Urban revolution)。这种把文化阶段的转变称为革命,指的是量变到质变的关键过程,这样叫做革命也无不可。但这个词常常使人造成一种印象,即这种变化是突然的、短时期内发生的。于是目前国外一般讲农业起源和发展时,避免使用新石器时代革命这个词。

(*Agricultural Origins and Dispersals*)[1]，提出全世界的农业都起源于东南亚洲，其中包括华南地区。时间是在第四冰期的最后，即冰河融化、水分逐渐增多的时期。他的学说很有影响，其内容可以综合为下面几个要点。

1. 在东南亚洲最早栽培植物的是住在海边近河口处、以捕鱼为主要生业的渔民。索尔认为，这些渔民的居住区域中有很丰富的野生植物资源，山、河、海岸等复杂地形使野生植物的种类繁多。这些渔民由于食物供给的丰富，过着相当稳定的生活。定居生活使人们对环境的认识深化，野生植物的用途和特性逐渐为人们所熟知。人们最初是对野生植物加以利用，随之逐渐学会了对野生植物的栽培和控制。

2. 在东南亚洲这种渔猎文化中，植物可能有多种用途，这形成了人对植物的依赖性。索尔和其他一些有关学者认为，植物的主要用途至少有三种：其一，用作容器，如竹子和葫芦；其二，用植物纤维制做绳索，而绳索对渔猎有着广泛的用途；其三，用有毒的植物汁液做成麻醉剂，作为捕鱼的一种工具。这些用途的充分运用，就养成了人们对植物的依赖性。索尔认为：由于对植物的依赖性，加上显然具有食用价值的野生植物，特别是水生植物和野生果类的存在，植物栽培的发生是势所必然的。

3. 植物栽培中最早的作物可能是竹、葫芦、果树、水生植物以及根茎类的植物。根茎类植物中主要是芋头（taro）和薯蓣（yam）[2]。

---

[1] New York：American Geographical Society，1952.
[2] 不少学者认为，在东南亚根茎类和果类的培植远在谷类之前。而谷类作物中粟、薏苡的栽培又远比稻米为早。但最近有相当多的学者提出不同意见，认为在东南亚根茎类、果类的栽培和谷类的栽培实际上是大体同时的，它们仅代表不同的生态环境。这个问题的解决还要靠古植物学和考古学的努力。

4. 最早的植物栽培在当时很可能只是全盘生业的一小部分，是渔猎、采集食物的一个补充。索尔认为，当时的植物栽培是小规模的家庭副业，人们在其住址附近找一些干湿适宜的地方开辟小片农园，这在索尔的术语中称为"园圃式农业"（garden agriculture）。

第二个要介绍的是现在美国学者中比较流行的一种说法，代表是宾弗（Lewis Binford）。他是美国"新考古学"的创始人，在美国近二十年的考古学中起过相当重要的作用。这里我不打算介绍他的考古学理论，仅介绍他的一篇文章，叫做《更新世以后对环境的适应》[1]。其中，他也强调旧石器时代晚期人类对环境的熟悉，对动物、植物的熟悉与利用。就是说在旧石器时代，尤其是旧石器时代晚期，人类对自然资源中食物和其他资源的利用不是单一的，而是多面性的和复杂性的。这种情况称为"广幅的对环境的利用"（broad-spetrum exploitation），即人类尽量对各类环境资源同时利用，虽然利用程度不同，但其范围是非常广泛的。在这个大的范围中，就包括了对某些动、植物的利用。

宾弗的学说和其他一些学者认为，造成"广幅地利用资源"这种生业方式及其进一步发展的一个动力就是人口的增加。而使"广幅地利用资源"成为可能的，则是由于当时工具的复杂化。这里有个术语叫做"工具套"（tool-kit），指为了某种专门目的来制造特定的工具，也就是工具的逐渐专门化。人们在"广幅地利用资源"时，使用不同种类的工具和工具套，即成套的工具。在这种前提下，旧石器时代晚期的人类就有能力"广幅地利用资源"。

---

[1] "Post-Pleistocene adaptations", in: *New Perspectives in Archeology* (Chicago: Aldine, 1968), pp. 313–341.

由于旧石器时代晚期人们对各种自然资源的利用比较有效，造成了人口增殖，人口增加反过来又造成了对现有自然环境生态平衡性的压力。人们需要克服这种压力，增加食物生产。

　　在谈到人和自然的关系时，宾弗有个"扩充系统"（expandable systems）的说法。他说自然资源中包含若干不同的"系统"（systems），各个系统的扩充性是不一样的：有的系统如某些野生动、植物在人类采取、利用到一定程度之后，在一定的技术条件之下，就不能再增加它的数量了。随着人口的增加，对这种系统的扩充利用反而相对减少。但有的系统则是可以扩充的，其中主要的就是某些野生植物。这类野生植物只要得到人工照顾就可以增加其数量。宾弗认为，旧石器时代晚期人们对这些不同的"扩充系统"的认识不断深化，导致了植物的栽培和动物的畜养。

　　关于这个理论的具体程序，可以举出宾弗的学生弗兰纳瑞的研究加以说明。弗兰纳瑞（K. V. Flannery）是搞中美洲考古的，1968年他在《美洲人类考古学》（*Anthropological Archaeology in the Americas*）一书中发表了一篇叫做《远古中美和考古系统理论》（*Archaeological System Theory and Early Mesoamerica*）的文章，用具体的例子来解说宾弗的理论[1]。

　　弗兰纳瑞认为，公元前两万年到公元前八千年之间，中美墨西哥南部高地中有从事渔猎和原始农耕的人。弗兰纳瑞根据宾弗的理论，把中美南部高地这一自然环境称为当地的"整体生态系统"（total ecosystem），在这"整体生态系统"中有若干动物和植物为人所利用，于是在整体生态系统之下，又可以划分出若干"取食系统"（procurement systems），每个取食系统的中心是一种动物或植物，各系统都有各自的利用方式和技术，这包括各系统

---

[1] Betty J. Meggers, ed., (*The Anthropological Society of Washington*, 1968).

所特有的工具套。弗兰纳瑞列举了五个"取食系统",其中有三种植物食物和两种动物食物。

系统一：龙舌兰（maguey）的采集；

系统二：仙人掌的采集；

系统三：树荚的采集；

系统四：白尾鹿的猎取；

系统五：棉尾兔的猎取。

怎样在整体生态系统中进行这些取食系统的活动呢？弗兰纳瑞提出季节性（seasonality）和排时间表（scheduling）两个术语来对这个问题加以解释。

他认为在上述五个取食系统中，由于植物生长的季节性较强，所以植物的采集要比动物的猎取更为优先。从考古材料看，在当地整体生态系统中10月到次年3月是旱季，8月到9月是雨季，人们就是根据这种季节性来"排时间表"，以确定进行不同取食系统的活动。比如在旱季初雨季末，野生植物很多，这时人们主要从事植物的采集，而动物的猎取一般用比较省事的方式进行，如设陷机等等，并不和植物采集冲突。冬天临近时，植物不结果实，人们便主要从事猎取活动，主要是猎鹿。到旱季末，动物远走，植物也很稀少，人们就只有运用全年性的"取食系统"，如龙舌兰、仙人掌，这类植物并不可口，但能使人们度过青黄不接的季节。

取食系统有季节性，人们进行取食活动要根据季节性排时间表。弗兰纳瑞接着指出：这种周期性的平衡经过一个时期发生了某种变化，主要是植物系统的变化。这种变化的原因他并不能说定，认为也许是气候的变化，也许是人口的压力。这里关于平衡状态发生破坏产生新的变化的动因，是需要我们解释的一个关键问题。无论如何，这导致了第六个系统的产生：野草的采集，其中包括狗尾草和野玉米的采集。这种采集活动由偶然发生到规模逐渐扩大，由最初采集野玉米到以后的玉蜀黍的播种。从事取食活动的人们由于这一串变化就要"重排时间"（rescheduling）。弗兰纳瑞这个术语所代表的时间大约是公元前一千五百年到公元前二百年，这并不是中美区域最早的栽培玉米的时间。不过，重要的是在这里弗兰纳瑞能用实际资料来证明关于排时间表到重排时间表所反映的栽培作物产生的契机。换句话说，他用考古学和环境科学的资料对农业起源问题做了具体的、科学的、有一般意义的解释。

最后介绍一位现在香港大学教书的英国植物学家罗伯特·怀特（Robert Whyte）。1977年他在《人类生态学》（*Human Ecology*）杂志上发表了一篇综合性论文，题目是《植物学上的新石器时代革命》[1]。他认为更新统末期人类栽培植物的最终因素是地质学的。地质学中公认的大陆漂移学说认为：地球史的早期，大陆是一个整体，后来分裂成几块，形成大陆漂移。其中，印度地团向北漂移，使西藏高原产生喜马拉雅山的造山运动，这导致了中亚细亚的干燥化和季节变化。

怀特认为，这种造山运动形成的新的压力，也导致整个旧石器时代植物的变化。在更新统末期即一万多年前，大量多年生的植物在干燥气候的压力之下，变成一年生植物。这些一年生植物中有不少有潜力可供栽培的植物，而这时人类文化的装备恰好发展到能够栽培植物的水平。怀特认为：在这种条件下，在干燥地区的边缘地带，小米、大米、小麦等等植物的栽培便大致同时产生了（图二）。

---

[1] The botanical Neolithic revolution (*Human Ecology* 5 1977), pp. 209 – 222.

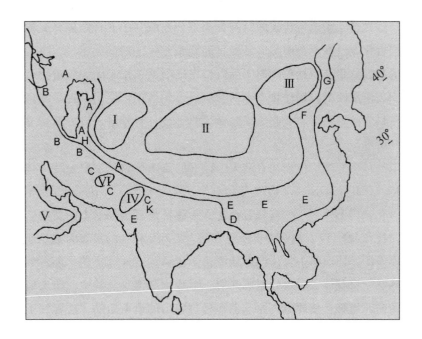

图二 在亚洲干燥地区核心的周围，谷类、豆类及其他作物之一年生的祖型在生理性的压力下，从它们多年生的祖先种属中进化出来（据 R. Whyte）（Ⅰ—Ⅲ：原生性的干燥核心；Ⅳ—Ⅵ：次生性的干燥核心；A：小麦、大麦；B：裸麦、燕麦；C、D：各种豆类作物；E：稻米；F：黍、粟、高粱；G：大豆；H、K：一年生的棉）

怀特的说法是比较革命性或说比较彻底的，但也是比较借助于偶然现象的。不过怀特的主张与上面介绍的索尔和宾弗的学说是可以互相对照、互相支持的。

以上介绍了几种关于从旧石器时代晚期植物栽培革命和新石器时代革命发生的程序的理论。这些农业发生契机的理论在美国是最为流行的。关于这类问题，我相信读者在研究中国农业起源的时候一定已经接触到了。这些理论对我们在这类问题的思考与解答方式的设计上，也许不无若干启示作用。

二　世界作物的栽培中心

在这个题目之下，我准备介绍三个比较有影响力的学说。

瓦维洛夫（N. I. Vavilov）是帝俄时代的一位杰出的植物学家。在帝俄时代及苏联早期，他和他的同事曾在全世界做过许多植物调查。1926年他用俄文出版了《人工栽培植物的渊源、变异、抗疫性和培植》一书，这是瓦维洛夫的经典著作，译成英文是1949年，发表在英文杂志 Chronica Botanica 第十三卷，题目为 The Origin, Variation, Immunity and Breeding of Cultivated Plants。这是研究世界作物栽培中心的一个最早并最彻底的文章。瓦维洛夫认为，无论动因如何，植物的发展由野生到家生这个过程，在全世界表现为八个中心（图三）。

瓦维洛夫主张：最大也是最早的中心是中国中部、西部的山区以及附近的低地。他所指的是湖北西部到四川西部的山区及附近的低地（图三，1）。他根据现在的野生植物的分布推测：最早在中国由野生到家生的植物有粟、黍、高粱、荞麦、大豆、红豆、山药、萝卜、白菜、芥菜以及各种的竹子，等等。

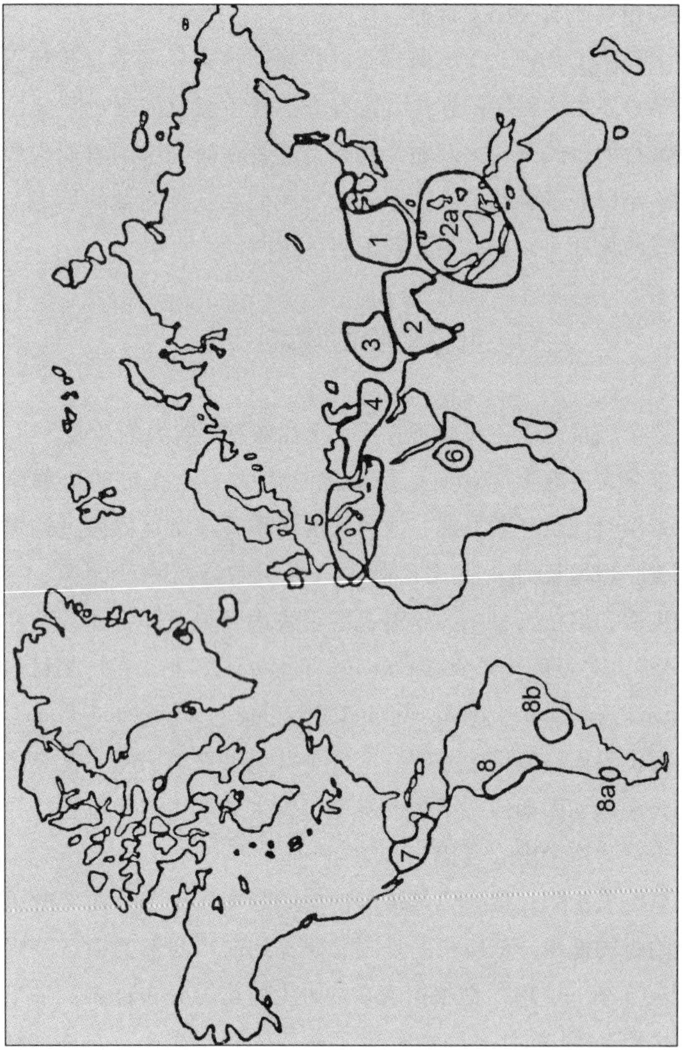

图三 全世界八个作物栽培起源中心（据瓦维洛夫）

第二个中心是印度(图三,2)。其主要作物依瓦氏有米、稗和好几种豆。与这个中心连在一起的,瓦维洛夫称之为印度—马来区(图三,2a)。这个区的主要作物是薏苡、芋。

第三个是中亚(图三,3),有燕麦和豌豆;第四个是近东(图三,4),主要作物是小麦和芝麻;第五个是地中海沿岸(图三,5),主要作物是橄榄、角豆树;第六个中心是非洲的埃塞俄比亚(图三,6),这里出大麦和麻;第七个中心是中美(图三,7),主要作物是玉米;第八个是南美(图三,8),主要作物是马铃薯。图中南美又附带两个附区,其中8a是智利,8b是巴西和巴拉圭,后者是一个热带区域,主要的作物是树薯。

以上是瓦维洛夫提出的关于世界作物栽培起源中心的最早的说法。他的作物起源归属的区域,现在需要许多修正。值得我们特别注意的是,在他的说法中,中国和东南亚是其中最重要的区域。

关于作物栽培中心的另一种较新的说法是杰克·哈兰(Jack Harlan)提出来的,他专门从事栽培植物的研究。1971年在《科学》(*Science*)杂志上发表了题为《农业起源:中心和非中心》(Agricultural Origins: Centers and Non-Centers)的文章[1],认为全世界有三个农业栽培区域,并且大致同时地独立发生。他所指的三个区域是:(1)美洲,主要是中美、南美地区;(2)近东、非洲地区;(3)中国、东南亚(图四)。

哈兰把每个区域都划为两个部分,并且把每个区域中靠北的、面积比较小的部分称为"中心"(center),把靠南的、面积很大的部分称为"非中心"(non-center)。比如中国、东南亚区也

---

[1] *Science* 174 (1971), pp. 468–474.

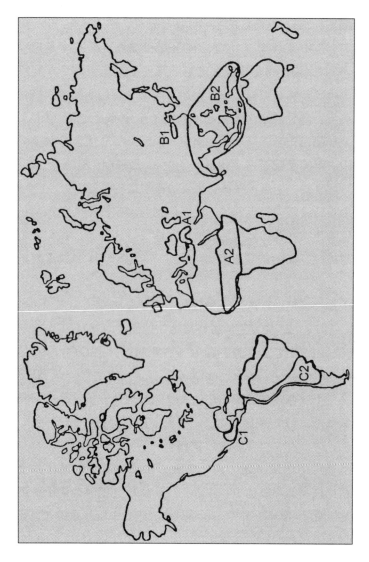

图四 哈兰氏所分约栽培作物起源的三个中心和非中心(中心:A1、B1、C1;非中心:A2、B2、C2)

就是图中的 B1 和 B2,"中心"是华北,"非中心"是华南到印度东南以及东南亚。

关于"中心"和"非中心"的划分,哈兰有一套说法。"中心"的主要作物是谷类作物,而"非中心"的主要作物则是根茎类作物。他认为,作物栽培就是从"中心"开始向南扩展,引起广大热带地区的栽培。

第三位要介绍的是在美国工作的中国学者李惠林教授的研究。他是搞植物分类的。《东南亚栽培植物之起源》(香港中文大学出版社,1966年)是他在香港中文大学的一篇讲演。其中他把东亚人工栽培的植物分成四个带(图五):

1. 北华带:中国北部,包括黄河流域和东北南部,北到沙漠,南到秦岭;

2. 南华带:秦岭以南、长江流域及南部中国的大部地区;

3. 南亚带:缅甸、泰国、中南半岛,中国的海南岛、雷州半岛和云南南部也在这个区域之中;

4. 南岛带:亚洲大陆南部的群岛和马来半岛。

李惠林先生把他认为起源于这四个区域中的人工栽培的作物列了一张表格,这里转引如下(表一)。

以上介绍的三位都是植物学家,他们主要根据现代野生植物的种类和分布,提出各自的见解。如果我们掌握了考古资料,这些见解的正确性和适用性就可以为我们所证实。总之,这些见解对我们从事考古研究是会有所启发的。

据我所知,黍和粟在东亚最早发现于华北。稻的情况要复杂一些,河姆渡发现的稻是中国发现年代最早的稻;泰国的仙人洞也有发现,时间是公元前七八千年左右,不过据比较可靠的鉴定,这里的是野生稻。最近在印度西北部一个绳纹陶遗址里也发现了经碳十四测定年代为可能早到公元前六七千年的稻,并且据

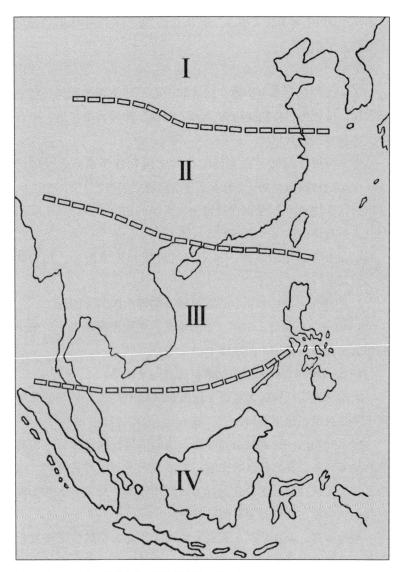

图五　东亚与东南亚栽培作物起源的四分带（据李惠林）

表一 东亚和东南亚栽培作物分布的四个带（据李惠林）

	一、北华带	二、南华带	三、南亚带	四、南岛带
禾谷类	黍（Pamicmn miliacemn） 粟（Sataria italica）		稻（Oryza sativa） 薏苡（Coix lachryma-jobi） 一种粟（Echinochloa frumentacea）	
块根茎类	草石蚕（Stachys sieboldii）	山药（Dioscorea batatas） 茨菰（Sagittaria sinensis）	*芋（Colocasia antiquorum） *海芋（Alocasia macrorrhiza） 薯蓣（Dioscorea alata; D. esculenta） 地瓜（Pachyrrhiza erosus） 荸荠（Eleocharis tuberosa）	*芋 *海芋
果木类	桃（Prunus pera） 李（Prunus salicina） 杏（Prunus armeniaca） 梅（Prunus mume） 樱桃（Prunus pseudocerasus） 梨（Pyrus pyrifolia） 花红（Malus prunifolia） 山楂（Crataegus pinnatifida） 柿（Diospyros kaki） 枣（Zizyphus vulgaris）	酸橙（Citrus aurantium） 甜橙（Citrus sinensis） 橘柑（Citrus reticulata） 金橘（Fortunella japonica） 黄皮（Clausanea lansium） 枇杷（Eriobotrya japonica） 杨梅（Myrica rubra） 荔枝（Litchi chinensis） 龙眼（Euphoria longana） 橄榄（Canarium pimela）	柚（Citrus grandis） 柠檬（Citrus limon）	面包树（Artocarpus incisa） 菠萝蜜（Artocarpus integrifolia） 阳桃（Averrhoa carambola） 木胡瓜（Auerrha bilimbi） *椰子（Cocos nucifera） 宜母子（Citrus aurantifolia） 凤果（Garcinia managostana） 毛龙眼（Nephelium lappaceum） 兰墩果（Lansium domesticum） 榴莲（Durio zibethinus） 榄仁（Terminalia catappa） 莲雾（Eugenia malaccensis）

第二讲 从世界古代史常用模式看中国古代文明的形成

续一

	一、北华带	二、南华带	三、南亚带	四、南岛带
豆类	黄豆（Glycine max）	赤豆（Phaseolus angularis）		
食用油类作物	黄豆	油菜（Brassica chinensis var. oleifera）		
蔬菜	蒜（Allium sativum f. pekinense） 葱（Allium fistulosum） 韭（Allium ramosum） 白菜（Brassice chinensis） 大白菜（Brassica pekinensis）	百合（Lilium tigrinum） 茭白（Zizania latifolia） 芥蓝（Brassica alboglabra） 水白菜（Brassica japonica） 蓴菜（Brasenia schreberi） 水芹（Oenanthe stolonifera） 蕹菜（Ipomoea aquatica） 茼蒿（Chrysanthemum coronarium） 金针（Hemerocallis fulva）	*苋菜（Amaranthus mangostamus） *苦瓜（Momordica charantia） *冬瓜（Benincasa cerifera） *毛乌瓜（Trichosanthes anguina） *丝瓜（Luffa acutangula）	
其他特殊食用作物				香蕉（Musaparadisiaca；M. sapientum） 甘蔗（Saccharum officinarum）
饮料及咀嚼嗜好品		茶（Thea sinmsis）	槟榔（Areca catechu） 槟榔叶（Piper betle）	

续二

	一、北华带	二、南华带	三、南亚带	四、南岛带
香料及调味品类			桂皮（Cinnamomum cassia） * 胡椒（Piper nigrum）	* 姜（Zingibera officinale） * 郁金（Curcuma domestica） * 胡椒 豆蔻（Myristica fragrans） 丁香（Eugenia caryophylla）
纤维作物	：麻（Cannabis sasiva）	苎麻（Boehmeria nivea） 苘麻（Abutilon avicinnae） 葛（Pueraria thungbergiana）	：棉（Gossypium arboreum；G. herbaceum） ：黄麻（Corchorus capsularis）	
其他工艺作物	桑（Morus alba） 漆（Rhus vernciflua）	茶油树（Camellia oleifera） 柏油树（Sapiam sebiferum） 油桐树（Aleurites cordata；Aleurites fordii）		

* 表示栽培起源地区不确定者。
：表示古代自邻区传入者。

说有把握认为是家生稻〔1〕。那么，家生稻是在南华带产生还是在南亚带产生？这还要靠更多的考古资料来回答。也许两者都有可能性。

三　东亚公元前五千年以前的考古线索

我们前面从理论上谈到农业生活起源的契机，又谈到几位植物学家关于最早的植物栽培中心的见解。下一步不妨略谈一谈考古资料。要解决中国、东亚地区农业生活起源问题，还是要靠公元前五千年以前的考古资料。

在公元前五千年以前的华北，仰韶文化及其他和其后一系列的文化，农业生活毫无疑问地得到确立。更早一些的裴李岗—磁山文化的谷类农业已经很发达。那么从野生植物到栽培作物两者间的具体转变过程是怎样的？换言之，从考古学的立场上能不能用考古资料考察出这个过程的演进步骤？这自然是中国考古学家的一个很重要的任务。但这是大家都很熟悉的题目，在这里便不多谈了。这里我只想谈一个中国以外的考古实例。

前面介绍了索尔对东南亚早期栽培作物历史的推测。他的推测虽然为一些人所重视，但在很长一段时间并没有对一般考古学家产生影响。这是因为在东南亚这个气候湿热的地区没有找到早期根茎类、果树类的考古资料。所以不少人曾认为：索尔的这种

---

〔1〕　关于这批资料的报告见 G. R. Sharma, V. D. Mishra, D. Mandal, B. B. Mishra, and J. N. Pal, *Beginnings of Agriculture* （Epi Palaeolithic to Neolithic: *Excavations at Chopani-Mando, Mahadaha and Mahagara*）（Allahabad: Abinash Frakashan, 1980）。其中报告有稻米关系的最早的一个碳十四的年代是 6570 ± 210 B. C.，这批资料的可靠程度不明。

推测难以证实，只能姑备一说而已。

近年来发展很快的古生物学、花粉学、古土壤学，连同考古学的新发现一道使这种情况得到改观。这就要提到和平文化和绳纹陶文化。和平文化是在越南北部和平州（Hoa Binh）最先发现的一种以打制石器为工具的史前文化。它的发现者和最早的研究者是法国考古学家克拉尼（M. Colani）。过去曾认为：和平文化是一种打制石器文化，时代从旧石器时代到中石器时代，是一种比较滞进的、以狩猎和采集为主要生业的文化。

1967—1968年，美国夏威夷大学的一个叫戈曼（Chester Gorman）的研究生在泰国西北靠近缅甸边界的一个叫做仙人洞的石灰岩洞穴进行了发掘。洞中的五层堆积大致可以分成两个文化时期：一个是早期和平文化，它有石核石器、磨石、砺石、石片等，这是过去观点中标准的和平文化石器；另一个是晚期和平文化，它除打制石器外还有磨制石器，有绳纹陶片，绳纹陶片上或有篦印纹。仙人洞这五个堆积层的时代是八千到一万年前。

这个遗址的特殊重要性就在于早晚两期的和平文化中都有植物遗物出土。其中有杏、榄仁、槟榔、豆类、葫芦、菱角，更早一些的有胡椒、白胡桃、橄榄、油桐子、葫芦和黄瓜子。在这些植物遗物中，黄瓜、菱角与河姆渡遗址所出的植物遗存是相似的。

关于这些植物在当时的功用，可以引戈曼的一段话加以说明：

> 现代土著生活中的民族学知识告诉我们，这类遗物和植物的利用方式是：利用野生或经过人工照顾的带壳的核果为食物，如白胡桃、橄榄和榄仁；用于取光或食

用如油桐子；用为调味品，如胡椒；用为刺激品，如槟榔。但除此以外，葫芦和黄瓜的使用，以及菱角、带荚的豆和豌豆形成的一组食用作物，指示着超过简单的植物采集阶段的经济发展[1]。

这些植物遗物，是否可以证明八千到一万年前已经有了相当程度的植物利用？是否可以认为它们是当时"广幅的资源利用"中一个很重要的部分？它们能否代表人工栽培作物的起源？回答这些问题的材料还不够。中国华南的石灰岩洞穴很多，也有像甑皮岩和白莲洞这样出土绳纹陶的很重要的洞穴遗址。如果加强对这类遗址的工作，特别是加强对其中动植物遗存的研究，诸如对动物骨骼的研究，对植物种子、壳、荚的研究，等等，那么这些研究就会对回答上述问题、对研究世界农业起源问题作出重要的贡献。

四 中国最早文明的温床

在谈完农业起源问题之后，我想进一步谈的是中国古代文明的形成问题。

在中国考古学中，从新石器时代到夏商周三代有一系列的文化，毫无疑问，这是反映中国古代文明形成过程的基本材料。这里我要提出的是：面对这些基本材料，应当如何考察中国文明的形成呢？

过去曾受传统历史学的影响，人们常把中国文明与中原文化

---

[1] Chester F. Gorman, "Hoabinhian: A pebble—tool complex with early plant associations in Southeast Asia", *Science* 163 (1969), p. 672.

混在一起进行讨论。这样，中原文化的起源就是中国文明的起源。但在实际上，中国境内有许多区域性的文化，它们自新石器时代到夏商周三代文明形成以后，一直都具有区域性的特征。三代文明比较集中地形成于黄河流域，但同时的南方、东方等等，各区域的文化也属于中国文明。比如楚文化或吴越文化，当然在历史时代的中国文明里面占有重要的地位。

在这种情况下，什么样的理论框架才能更有利于讨论中国古代文明的形成问题呢？与探讨农业起源一样，我想介绍一下美国考古学对史前史研究的两种基本概念：

1. 交互作用圈（interaction sphere）：1964 年，美国已故考古学家约瑟夫·考德威尔（Joseph R. Caldwell）写了一篇名为《史前史上的交互作用圈》（Interaction Sphere in Prehistory）的文章，首先提出了交互作用圈这一概念。他的这篇文章发表在《霍普威林文化研究》（*Hopewellian Studies*）一书中[1]。霍普威林文化是北美东部分布很广的史前文化。考德威尔把该文化的分布范围称为一个交互作用圈。他认为这个交互作用圈中包括许多各具特征的区域性的文化，它们彼此之间互相交往和影响，尤其在埋葬仪式和随葬器物上，都反映了交互作用圈内部各文化之间的一致性，这种一致性使交互作用圈内部各文化在更高一层看成为一体而区别于圈外其他文化。这样看来，考德威尔"交互作用圈"的含义是：地域相联而各具特征的区域性文化同时存在、同时发展，彼此之间的交互作用使它们对于其他地域关联较远的文化来说形成一个整体。

2. 地域共同传统（area co-tradition）：这是 40 年代很受人尊

---

[1] J. R. Caldwell and R. L. Hall, eds., Illinois State Museum Scientific Papers, XII (1964).

敬的秘鲁考古学家班内特（W. C. Bennett）1948 年在《秘鲁的共同地域传统》（The Peruvian co-tradition）一文中提出来的[1]。地域共同传统的含义为：一个地区长时间互相关联的诸文化相勾连而构成历史的整体单位。

这两个概念实际上是相同的，即一个地域内的许多不同的区域性的文化，它们彼此之间的交往对于形成这个地域的共同特征具有很大作用。固然，没有哪个地域的文化发展是孤立的，但每个地域内部不同文化之间的交互作用要比不同地域之间的文化的交互作用频繁、深刻得多。

美国考古学常常倾向于用生态学来解释文化的差异以及文化的组合、分类。一般地说，交互作用圈代表的是地域性的生态系统。地域性生态系统内又有区域性或可称为亚地域性的生态系统，这样的生态系统在文化上有交互作用。

能不能借用上述两个概念来作为解释中国文明形成问题的工具呢？1983 年，我为在意大利威尼斯市举办的中国文明起源展览会的图录写了一篇文章，用交互作用圈等概念对中国史前文化做了初步的考察。我是这样写的：

> 在公元前五千年左右，在华北出现的三个新石器时代文化是仰韶、北辛—大汶口和新乐文化。仰韶文化是在中国最先发现的新石器时代文化，也是所知最详的。以粟米耕植、狗与猪的豢养和以深色装饰图样彩绘的磨光红陶为特征的仰韶文化，是华北西部黄土高原与河谷的主要的新石器时代文化，其遗物分布甚

---

[1] in: *A Reappraisal of Peruvian Archaeology*, Memoirs of the Society for American Archaeology, 1948.

广，东自河北南部和河南中、北部，向西到陕西、甘肃东部及青海东端。一长串的放射性碳素年代将仰韶文化放入公元前五千年到三千年之间，但在甘青区域仰韶的晚期文化又再持续了一千年左右。

北辛—大汶口文化是五十年代晚期发现的，很可能是与仰韶文化平行的裴李岗文化在山东和江苏北部的后裔……养猪在他们中间显然是极其重要的，因为猪头骨和体骨在墓葬里有大量的发现。他们的陶器颜色驳杂，但以深黄色与浅褐色的为主，其主要器形有鬶形水器、浅身高足的鼎、带圈形柄的有颈罐和足形细长的豆。这个文化的另外一些特征包括玉饰、骨雕、龟壳盒子和獐牙的切割器等。碳十四年代将这个东方的文化传统放在公元前五千年前到二千五百年前左右之间。

最近才明确认出来的新乐文化也开始于公元前五千年前左右，是内蒙古和东北地区南部草原地带主要的新石器时代文化。自其标准遗址辽宁沈阳附近的新乐，在 1973 年出土了一批特征明显的文化遗物，包括（a）印有篦纹和之字形压印纹的粗质褐色平底陶罐，和（b）含有磨光石斧、石棒与打制细石器和小形尖器的石器群。这类遗物指向农耕、畜牧和渔猎的混合生业……

在华南，所知甚详而发掘最多的是河姆渡文化，河姆渡遗址原来是一个建于湖边的木构村落，其遗物有特别丰富的石器、骨器、木器、陶器，和动物与植物的遗存。遗址的位置（在浙江北部余姚附近一座小山和一个古代的小湖之间）说明当时的村落可通达非常丰富的地上和水中的植物和动物资源，而遗址的遗物中充满了这些植物和动物，有野生的，也有家生的，主要包括稻米、瓜、菱、葫芦、猪、狗、水牛和水龟。这里的稻米的遗迹是全世界最早之中的，其栽培曾使用过一种特殊的用动物肩胛骨所做的锄头。陶器灰黑色，常带绳纹，有的刻划有动物与植物纹样。骨雕和木雕也可为此地艺术高度发达之证，而木器尤为精致并且保存良好。其他特别令人注意的器物有一个织布用的木梭和一个上漆的木碗。一长系列的放射性碳素年代将遗址的下层很结实地放入公元前的第五个千年。

公元前第五个千年里，中国新石器时代文化中的最后一个是大坌坑文化，以台湾北部的大坌坑遗址为代表，但其遗址沿福建、广东海岸都有分布，只是经过正式发掘的遗址稀少而其内容细节不详。这个文化的放射性碳素年代只有两件，都在公元前第五个千年之内，但它很可能起源远较此为早，而直接渊源于上述的华南最古老的新石器文化之内。石器多属磨制，包括猎具（尖器）和渔具（"网坠"），但陶器上的绳纹表示植物之利用。除绳纹陶以外，还有篦划纹与篦印纹陶；这些分歧的陶器风格很可能说明当时在这一片地域中有过一个以上的新石器文化，但这得要等更多的考古工作才能深入明了。在台湾曾发现过一个石制树皮布打棒的碎片；这件器物以及若干石斧形式和陶器特征指向与太平洋区古代文化之间的亲缘关系。

以上简述的五种文化之间以不同的程度互相连锁。仰韶和北辛—大汶口文化之间非常相像。它们不但可能是同一个祖型文化的平行后裔，而且它们位置相邻，中间只隔着一个上面提过面积越来越小的沼泽地带。新乐在文化内容上与上面两个文化颇有不同，而且位近草原，其自然资源亦与黄河流域不尽相同。可是新乐陶器的篦印纹和之字形纹也可能溯源于裴李岗文化。另一方面，河姆渡与大坌坑则形成与仰韶和北辛——大汶口均不相同的一组文化，而其生态基础亦然不同。简言之，从文化的大分类上说，中国在公元前第五个千年至少有两个主要的文化传统，很可能是承袭着公元前一万年到五千年前那一段的同样的两个文化传统下来的。

可是到了公元前四千年，这五个新石器时代文化显然都在地域上向各方面扩张而彼此作了有意义的接触，而中国境内的新石器时代文化自此开始呈示规模广泛的类似性，这些类似性指明这些文化之间形成了一个交互作用圈与附近地区其他交互作用圈之关系相对立。公元前第四个千年里，中国的新石器时代文化主要包括：黄河中游的仰韶文化、山东的大汶口文化、内蒙古与东北南部的红山文化、长江下游的青莲岗文化、长江中游的屈家岭与大溪文化和东南海岸的石峡文化。这些文化中的若干（屈家岭、大溪）来源尚不明了，但其他的都是自同一地区较早的文化一脉相传下来的，不过有的变化较多，把文化名称改变了而已。仰韶和大汶口是接续着它们早期文化下来的。红山是在新乐的基础之上加上南方（以仰韶为主）的影响而建立起来的。青莲岗文化是河姆渡文化的转化，可能有一部分是受了大汶口文化的强烈影响。石峡几无问题是大坌坑在长江中游文化影响下进一步的发展。虽然自北到南，在中国可以辨认出来好几个区域性的文化，但这些文化显然全都是同一个交互作用圈的成员。这一点最显著的可以自它们共有的陶器特征上看得出来，这些特征有时可以称为"龙山形成期"的作风。值得注意的一点是，以后中国历史文明便是从地理上说在这个公元前四千年前便已显形的一个交互作用圈之内逐渐形成的[1]。

这只是用"交互作用圈"或"地域共同传统"的概念在中国文明形成问题上使用的一个例子。再往下说，好几个地方性的文化在一个圈子里面作密切的交流的这种情况，事实上也是国家类型的社会形态产生的一个重要因素，但那是题外的话[2]。

---

[1] *7000 Anni di Cina*, Milan: Silvana Ediforiale, 1983, pp. 33 – 35. （文中将马家浜早期文化并入河姆渡文化一起讨论，是不合适的，应当分开。）

[2] 张光直：《中国青铜时代》，55—56页。

第三讲　泛论考古学

今天，我想就有关考古学的一些基本概念，与诸位交换一下意见。

首先，我想谈谈什么是考古学。

我们从事考古工作，第一件事情，自然就要明白考古学到底是一种什么样的学问，它的性质和作用是什么。不过，对这个问题，我们并没有一个统一的答案。但是，无论在国内还是国外，我们所做的工作是相似的，那么我们所使用的概念也应是相似的。

就我个人的认识而言，一方面，我的理论倾向是三十年来在美国考古学界生存所培养出来的；另一方面，我的考古学实践是在中国文化范围内进行的，当然又受到中国考古学传统的许多影响。由于我的这种特殊经历，我希望，我的一些心得一方面可能有它新颖的成分，一方面也与各位的想法是很易于沟通的。

什么是考古学？我想我们不必在字面上下功夫，不必尝试给考古学下一个尽善尽美的定义。我们只需了解考古这个学科的实质和特点，从而明确我们工作的方向就够了。

"考古"这个名词在中国语汇中很早就出现了，比如北宋时的吕大临就曾做《考古图》（1092年）。但那时的考古，仅限于对古代传世器物的搜集和整理，与近代考古学还不是一回事情。

近代"考古学"这三个字可能是经过日本人翻译西文 Archaeology 而来的。Archaeology 这个字是由希腊字的"古代"和"学"而来的。说 Archaeology 是研究古代之学固然是准确的,又未免过于宽泛了。

现代的考古学基本上是实地研究与实地发掘地上材料与地下材料的学科。这门学科一方面是发掘新材料,一方面又是研究新、旧材料的。考古学是什么,看起来最要紧的要看它所发掘和研究的是什么样的材料。是不是发掘什么样的材料,研究什么样的材料的都是考古学?恐怕也不尽然。我们到田野里去调查发掘,会得到什么样的材料呢?

第一,最明显的对象是古代人工制品的遗存。比如石器、陶器、金属器等各种遗物,以及墓葬、基址、窖穴等各种遗迹。这些都是自然界所没有的、经过人手制造的,当然是考古发掘和研究的对象。

第二,比较次明显的,是古代工业制造过程中的废弃品。比如制造石器时打下来的石屑、小石片,做骨器时剩下来的骨料等。这些东西没有什么明显的实用价值或美术意义,但在复原古代工业技术过程时,是不可缺少的资料。

第三,在古代遗址的垃圾堆里可以找到许多动物骨骼、牙齿和植物的茎秆、籽实。在不同时代、不同文化的遗存中,动植物种类的不同,反映出食物种类的不同。因此,这类材料对研究古代饮食内容和方式有不可缺少的意义。同时,它在古代自然环境的复原工作上也是很重要的。在研究这类材料时,我们需要动物学、植物学、古动物学、古植物学的训练,或者这些方面专家的合作。

第四,是古代遗存中的许多物质通过实验室研究所提供的资料。比如通过对古代土壤中花粉的分析,可以知道当时的生态环境；通过碳十四和热释光的分析，可以知道古代遗存的大致年代；通过对烧熔方式和矿物成分的分析，可以了解古代生产力的水平以及金属原料的产地等等。要得到这些资料，需要物理、化学等各种自然科学的技术。

第五，是古代遗存中的文字资料，比如甲骨文、金文、盟书、竹木简、帛书等等。要了解和掌握这些文字资料，需要在古文字和古文献方面有相当的训练。例如马王堆的《周易》是考古学的产品，但是哪个考古工作者能够把它和传世的《周易》分开来研究呢？

上面开列的只是一张大致的清单，但是从这张单子上已可以看出，考古学所处理的材料是复杂的，而且是多面的，所需要的学习、训练也是复杂的多面的。那么，上述这些材料，有哪些属于考古这门学科的范围呢？哪些不属于考古这门学科呢？对于这个问题，我们应当有一套有系统、有秩序、合逻辑的答案，而不能根据自己的工作面或者历来的习惯做出回答。说"我们一向如此"，不能算是合理的回答。

从这个观点看来，考古有广义的，有狭义的；有有史时代的，有史前时代的。这两分法是比较有道理的，但并不是百分之百清楚的。

广义的考古学，指对考古调查、发掘所产生的一切遗物、遗迹的分析和研究，包括对动植物、矿物等各种资料的分析研究。

狭义的考古学，指专对人工产品或文化遗物的分析和研究。对那些非人工遗物的研究，我们可以根据研究的对象，以及所使用的科学手段，在考古学前面加一个限定名词，比如动物考古学、植物考古学、土壤考古学、金属考古学等等。这些加以限定词的考古学，都是用自然科学手段来做研究的，可以简称为科学考古学。

科学考古学与狭义考古学的研究目标是完全一致的。目前在国外，各种科学考古学已经具备比较成熟的技术，取得很多可观的成果。这些成果从不同侧面丰富了我们对于古代人类生活的认识，加深了我们对于古代文化发展变化原因的理解。科学考古学的出现，丰富了我们关于什么是考古学的答案。

第二个两分法，是将考古学分为史前的和有史时代的。

考古学研究的对象，是人类活动的历史。研究人类历史可以有多种途径，但是考古学的独特贡献是其他学科所不能比拟的。考古学对历史研究的贡献，在史前和有史时代是有所区别的。

史前时代考古学，提供并研究文字产生之前人类历史的资料；换言之，史前人类历史的全部资料，都是由考古学产生的。我这里所说的，当然指广义的考古学。所以，史前考古学便等于史前历史学，史前考古学者便等于史前历史学者。

有史时代的考古学，则提供新的历史资料。除了考古学之外，我还想不出有什么其他方法能够得到新的历史资料。当然也许有个别情况，比如中国古代的某本典籍，在国内失传而在国外又重新发现。不过这毕竟是极少、极偶然的事情。有史时代的考古学提供新的资料并对新、旧资料加以研究，当然也属于历史学的范畴。

照刚才所说的，这样两种两分法不会是百分之百的严密，但是是符合一般的实际情况的。通过这样的分析，我们可以对考古学定义的讨论，做三点总结：

1. 考古学从实质上说就是历史学；但是它有独特的对象和独特的技术、方法，是一种特殊的历史学。

2. 考古学的研究范围和内容是富于变化的，而且不是孤立的，它要与许多其他学科做点上或面上的接触。

3. 因此，考古工作者的训练，也应是有灵活性的、多样性的；所受的训练范围越广，工作的范围就越大，对历史研究的贡献也就越大。

接下来，我想讨论一下考古学方法论中的几个重要概念：就是"资料"、"技术"、"方法"及"理论"。这几个概念在西方考古学著作中经常提到，但是常常混淆了它们之间的含义。比如同一个观念用不同的名词来表达，或者同一个名词代表不同的观念。我觉得，对这几个概念的理解，实际上牵涉到对于整个考古学研究过程的理解，所以有必要对这几个概念及其相互间的关系，做比较明确的界说。

1. 资料（data 或 information。data 指比较具体的材料、数据，information 则指比较抽象的情报、信息） 资料是指古代的遗物、遗迹，以及其中所包括的关于古代环境、古代生活的全部信息。前面我们曾经提到，考古资料基本可以分为人工制品以及非人工制品两个类别，人工制品是我们工作的主要对象。就人工制品而言，可以把它们分成遗物、遗迹、遗址这三个层次。

（1）遗物：指个别器物，如个别木器、石器、陶器、铜器等等。部分器物可能还带有文字资料。

（2）遗迹：指遗物出土的现象，如窖穴、墓葬、基址等等。

（3）遗址：指遗物和遗迹连续出土的地理范围，多半是古代聚落的废墟。关于遗址和聚落的关系，在第五讲里有详细讨论。

遗物、遗迹、遗址本身当然是资料，而且，它们之间的相互关系，即时间关系和空间关系，也是资料。时间关系即是指三者的相对年代关系和绝对年代关系。比如遗迹与遗迹之间的层位关系就表示出相对年代关系，碳十四测定数据则表明绝对年代关系。空间关系就是所谓聚落形态（settlement patterns），包括遗物在遗迹中的分布，遗迹在遗址中的分布，以及遗址与遗址的关系等等。具体地说，一件木器是资料，它的碳十四年代也是资料；

一件玉器是资料，它的产地分析也是资料，它们彼此之间与其他遗物、遗迹之间的关系，也都是资料。

不言而喻，资料的特征是客观的、独特的、新颖的。资料是我们建设历史的一草一木、一砖一瓦。没有资料，就没有历史；没有可靠的资料，就没有可靠的历史；没有丰富的资料，就没有全面的、翔实生动的历史。1928年，当时的中央研究院历史语言研究所在广州成立，所长傅斯年先生为所里的集刊写了发刊词，其中有一句话："上穷碧落下黄泉，动手动脚找东西。"这就是代表了当时历史语言所宗旨的口号。比起在书斋中钻故纸堆，能够自己去动手动脚找材料，这在当时来说是很大、很重要的进步。今天，我们考古工作者能够为历史研究提供无数客观、新颖而独特的资料，这当然是我们对历史研究的一种贡献。

2. 技术（technique） 从考古学的观点看，技术就是产生新资料的手段。从地底下挖出新资料的手段是技术，从旧资料中挤出新资料的手段也是技术。比如古代的遗物、遗迹是资料，挖掘这些资料的各种手段都是技术；遗迹之间的层位关系是资料，研究这些层位关系的层位学就是技术；地下遗址的分布情况是资料，用雷达探测这种分布情况的手段就是技术。这些技术都是直接产生新的资料的，另外还有些技术可以帮助我们从旧的资料中挤出新的资料。比如对传世铜器的金属成分的分析、对窖藏品中木炭标本的碳十四分析等等。技术水平的高低，技术手段的多少，都关系到我们能不能获得新资料，以及所获得的资料的可靠性和数量。

3. 方法（method，英文中的 method 指比较具体的方法或个别的方法，如果指有系统的方法或方法论，则用 methodology） 技术为我们提供了资料，但资料并不等于历史；"资料主义"无论如何不是推动历史研究和促进了解历史的最终手段。我们今天当然不会像 20 年代那样，仅仅把找资料作为我们工作的宗旨。我们同时要注重研究这些资料的手段，就是我们的方法。比如器物的发掘和实验室内的分析属于技术，而通过器物的分类来求得古代遗存的年代或求得古代文化的生活方式则属于方法；用雷达来了解地下遗址的分布情况属于技术，而分析遗址的分布形态，分析不同遗址群与自然环境和古代部落、民族间的相互关系，就属于方法。换句话说，如何将资料加以解释，以求得文化生活本质的了解以及历史发展规律的手段，是考古方法。

考古方法基本上包括三个步骤：

（1）分类（classification）：分类是考古学的基本方法。我们在田野中得到的材料是大量的、细碎的，我们不可能对每一件器物，尤其是石器和陶器，逐一加以描述；那么就需要用分类的方法将发掘品分成若干类。分类是可以用不同标准反复分类的；也就是说，同一件器物可以属于几种类别。分类又是按不同层次进行的。先依照一个特定的标准，分出若干较小的单位；再依照另外的标准，把这些小单位分成较大的单位。我们所选择的标准概括程度越高，分类层次的水平也就越高。我们根据不同层次分出不同类别，将这些类别加以有机的组织，就构成了分类的系统（hierarchy）。胡适先生曾说，研究历史的方法，就像摆一大堆铜钱一样，全看你怎样去摆。这句话是可以加以批评的，因为我们相信历史是有规律的，研究历史不像摆铜钱那样可以主观随意。但是"摆铜钱"这个比方，可以简单地、形象地说明分类的作业程序。关于考古分类的具体作业方法，我将在下一讲中做比较详细的说明。

（2）用分出的类别，构成文化社会系统的框架及其内容。我们把陶器、石器、房屋、墓葬等等材料分成若干不同的类，然后可以按照更高级的分类标准分成更大的类，造成文化史、社会史的时空框架及其内容。所谓时空框架，就是确定一个文化的空间上的分布范围及其内部的若干群落，以及这个文化存在发展的年代范围及其若干的发展阶段。至于这个框架中的内容，即是指一个文化、一个社会的生产方式、政治经济组织形式、婚姻方式以及宗教活动方式等各种文化社会的内容，也就是指一个文化社会的复原和重建。应该强调的是，我们所建立的时空框架，一方面是比较确定的，也就是分类、分级的标准是确定的，而不是随意的；另一方面，这个时空框架又是有弹性的、可以变动的，这是因为我们的分类是活的，可以根据不同的研究目的而确定不同的分类标准，得到不同性质的类别。

（3）在建立各个不同的文化社会的框架之后，就可以将不同地区、不同时代的框架按照年代先后加以比较，来考察它们之间的相互关系，考察它们变异、发展的情况及其规律。

4. 理论（theory） 经过逐级逐级的具体分析，我们对于古代的文化社会得出一些带有规律性的认识，将这些认识加以总结，就形成我们对社会、历史、人类、世界及宇宙的看法。这些看法，一般是指对这些现象的规律性与动力的看法，就是我们考古工作者的理论。比如我们对于人类起源的认识，对于各个古代文明不同发展道路及其原因的认识，对于国家形成的程序及动力的认识，对于宗教意识、宗教活动在历史上的作用的认识等等，这些都是考古工作者根据其资料的研究，所做出的理论总结。

让我们来重复一下对这四个概念所做的解释：资料是研究历史的客观基础，技术是取得资料的手段，方法是研究资料的手段，理论是研究人类历史的规律性认识的总结，并反过来指导具体的研究工作。其中，技术和方法都属于我们手中的工具，它们是中立性的，没有阶级性，没有民族性，也没有国家性。同样的技术，同样的方法，中国人可以用，外国人也可以用；资产阶级可以用，无产阶级也可以用。理论则不同，不同的考古工作者因不同的社会环境、不同的看法或不同的民族而常有不同的立场。同时，技术和方法与理论之间的关系也有所不同。技术不受理论的支配，而方法则常常与理论相配合。虽然从客观上来说，方法是可以无限发展的，用同样的方法可以证明、也可以反驳不同的理论；但实际上，方法的选择和运用不同方法的目的，是常常受到理论立场的左右的。

第四讲　考古分类

考古分类与聚落形态研究是考古学的两种基本方法。在考古学方法论上，我自己对这两个问题比较有兴趣，并且作过研究。今天，我先与各位讨论一下有关考古分类的问题。

我所说的"分类"，与国内通常所用的"类型学"是比较接近的两个概念，但两者并不相同。"类型学"（typology），也译作形制学或形式学，是指比较有系统的研究，是对分类研究理论上的阐述。"分类"是指一般的、具体的分析、综合的作业方法，使用起来比较广泛。

"分类"是人类日常生活作业的一部分，这种生活作业又是我们文化行为的一部分。无论是古代还是今天，人们都经常是不自觉地进行各种各样的分类，将我们生活中的各种对象，加以区分、概括、综合；这种能力是我们在不同的文化社会环境中，从幼小时代起一步一步学习来的。事实上，我们生活中的分类与我们的语言是分不开的。因此，我们生活中的分类多半是相对性的。换言之，文化 A 的分类不一定便是文化 B 的分类。

现在举几个不同文化不同分类的例子。

我们的语言形式便是把天下的各种语音分成若干单位来表达我们的意念的。例如 b（浊音，不送气），p（清音，不送气），p'（清音，送气）。这三个客观上不同的语音单位，在北京话里面便分成 b/p 和 p' 这两个文化的单位，在语言学上叫音位（phoneme）：

    ba 或 pa   八、拔、把、爸

    p'a   趴、爬、怕

换言之，清浊音不造成意思的不同，但送气不送气便造成意义上的分歧了。这个语音上的分类与英国人、美国人便不一样。英语里面这三个语音单位的分法是：

    b   bar

    p/p'   par

换言之，送气不送气听不出意义上的不同，但清浊便非得分开不可了。这是不同文化在语言上的不同分类。

又如我们日常生活的行为、行动，随时在我们的观念中都是分为节章的。例如我们吃饭吃菜，有主食、副食之分。这个分别在英文里是没有的，如果勉强翻成英文，外国人也听不懂它真正的意思。英文里面一顿饭（meal）分为开胃品（appetizer）、主菜（main course）、沙拉（salad）和甜食（desert），另外辅以面包、黄油、饮料等，其中淀粉质的食物（中文中的主食）并不占有特殊的地位。

我们在日常生活中随时也把器物分类。如我们的食具有筷子、饭碗、菜碟子、汤碗、汤匙等等，这是跟着中国饮食习惯而来的。西餐的食具有刀、叉、匙子、盘子、小碟子、碗等等，是跟着西方饮食习惯而来的。

所以，一个文化生活方式中的分类——一般是用语言来表示的——与生活习惯、生活方式有密切关系。生活方式改变了，分类就改变，语言也就随之改变。所以，语言所代表的分类是了解生活方式很重要的入手方式。

考古分类的一个重要目标，就是通过语言所代表的分类来了解古代生活。就是说,既然分类是文化生活中的一种重要的客观现象,那么我们就可以通过分类来了解和分析古代的文化生活。但是,古代社会中的分类是一回事,我们今天所做的考古分类又是一回事。因此,就产生了两个问题:首先,我们在为了研究历史去作考古分类时,有没有必要去寻找古人的分类?其次,如果有必要,怎样才能寻找到古人自己的分类?

关于第一个问题,当然我们不必完全着眼于古代社会的分类。今天,由于科学的发展,我们对于社会、对于历史的认识,可以比起古人要客观得多,广泛得多;我们可以从现代的眼光,科学家的眼光,做出其他分类,来达到我们的研究目的。但是我认为,古人自己的分类代表古代生活中最重要的一项内容;所以,我们还有必要进行辨认古人自己的分类的尝试。

古人的分类虽是多种多样的,但还是有一定标准的。这些标准产生于特定的文化社会背景,特定的思想意识,这就给我们今天的探寻以实际上有效的线索。我们今天对古代遗物的分类虽然可以做出几百几千种,我相信,古人自己的分类肯定会包括在这些分类之中的。那么问题就是怎样从我们自己的诸种分类中辨认、选择出古人的分类,怎样去寻找一条途径,去确定一种手段,使我们与古人相通。

这个目标在中国考古学的研究中是可以部分实现的。在有史时期的考古发掘中,除了遗迹、工具、武器之外,还可见到大量的陶器、铜器、漆器等古代饮食器;另一方面,在中国的古代文献中,在古代墓葬的遣策和器物的铭文中,又记有不少饮食器的名称。这样,我们就有了两个方面的第一手资料,可以将古代器物的形制与文献、文字记载加以对照,去寻求古人自己的分类。

我在1968年曾做过一项工作,就是搜集了"文化大革命"以前出土与传世的四千多件有铭文的铜器,把铜器的形制、花纹、铭文等各种特征分成若干小单位，编成索引，输入电子计算机进行分析。分析的内容有很多，如铭文与形制、花纹的关系，族徽与形制、花纹的关系，花纹的各种变异，也包括将我们的考古分类与铜器自铭加以对照，来检验古今分类的异同（表二）。

表二的左行是铜器铭文的自名；表的上行是我们现在常用的考古分类，分为食器、酒器等，每项之中又包括若干种器物。表中的符号表示有。通过这种比较可以看到一些现象：古人的铜器分类有专有名词和通用名词的区别。尊、彝、宝彝、尊彝、宝尊彝等属于通用名，这些名称实际上包括了食器、酒器、水器等各种器形。另外一些名称则与器形有一定的固定联系，如车彝、旅彝等名称多指卣，叫从器的都是食器，偶有酒器，如尊、觯、觚、角和盉等；鼎、甗、毁等名称则与现在的分类大致相同。古人做铜器分类时是用语言表达的，对于不同类型的器物采用不同名称，这种区分主要着重于器物的功用而不仅是具体的个别形状。与古人的分类相比，我们今天所做的分类大体上是正确的，只是我们的划分比古人的有时较粗，有时更为细致，并且我们采用了许多的描述性的名词。

上面这个例子说明，在有史时期的考古研究中，古代文字可以给我们的分类以不可或缺的帮助。但是，就通过语言分类来进行考古分类这一目标而言，我们所得到的成果仅仅解决了一部分问题，很小的一部分问题。铜器的自身名称当时并不一定都铸在器身上，铜器在祭祀中的功用、使用方法在铭文中也缺乏记载，何况古代的饮食、祭祀还要使用木器、陶器、漆器、玉器等其他器物，这些器物大都是没有自身命名的。所以，要复原古代饮食、祭祀等文化内容，还要结合文献做大量工作。

问题不仅如此。大家知道，考古遗址中多半是没有文字的。有史时期有大量器物、遗迹没有文字，而史前时期的遗址中根

表二　中国古代铜器自名与考古分类对照

铭文自名 \ 考古分类	食器					盛酒器						温酒		饮酒			水器	
	方盖鼎	鼎	鬲	甗	簋	壶	方罍	觥	彝	卣	觯	尊	瓿	盉	角	爵	斝	盘	盆
宝 — 乃宝									×		×	×	×						
宝 — 宝									×				×						
宝 — 旅宝										×									
彝 — 尊	×	×	×		×				×			×			×		×		
彝 — 彝	×		×	×	×		×	×	×	×	×	×	×			×			
彝 — 宝彝	×		×	×	×		×	×	×	×	×	×	×			×			
彝 — 尊彝	×	×	×	×	×	×	×	×	×	×	×	×	×			×		×	
彝 — 宝尊彝	×	×	×	×	×		×	×	×	×	×	×	×			×			
彝 — 宗彝	×																	×	
彝 — 宝尊宗彝						×	×	×		×									
彝 — 车彝									×										
彝 — 车旅彝			×																
彝 — 旅彝			×						×	×									
彝 — 旅尊彝									×	×									
彝 — 旅宗彝									×										
彝 — 旅宗尊彝									×										
从 — 从彝		×		×	×				×	×	×	×							
从 — 从	×		×							×	×	×	×			×			
齍 — 齍彝	×																		
齍 — 齍齍	×	×																	
鼎 — 鼎	×																		
鼎 — 鬲鼎	×																		
鼎 — 宝鼎	×																		
鼎 — 尊鼎	×																		
鼎 — 宝尊鼎	×																		
甗 — 甗				×															
甗 — 宝尊甗				×															
簋 — 宝簋					×														
簋 — 宝尊簋					×														
簋 — 宗簋					×														
簋 — 赍簋					×														
簋 — 尊壶						×													

本就没有文字。这就给我们的考古分类造成了更大的困难，同时也就提出了一个更重要的目标：怎样在没有文字的条件下，复原古人自己的分类？

毫无疑问，要实现这个目标是很不容易的，甚至这个目标本身也不是大家都能接受的。我以前在耶鲁大学时有个同事叫哈罗德·康科林（Harold Conklin），他是民族科学（ethno-science）的一个代表人物。民族科学是美国社会人类学中最近二十年内新兴的一个相当有哲学意义的分支。它所研究的是原始民族自己的科学，它的资料是原始民族自己对器物、观念、疾病、颜色、动植物等各方面的分类。康科林强调，根据表面现象认识内部的语言分类是非常困难的。他举了一个例子（图六）[1]。

图中左面第一竖行，是康科林根据现代美国人的语言对美国钱币所做的分类。同一种分类采取了a、b、c、d四种表示方法。在这种分类中，语言符号所代表的实际内容是：

$$A（美金）\begin{cases} B（纸币）\begin{cases} o（one，一美元）\\ v（five，五美元）\\ t（ten，十美元）\\ w（twenty，二十美元）\end{cases} \\ C（硬币）\begin{cases} p（penny，一美分）\\ n（nickel，五美分）\\ d（dime，十美分）\\ q（quarter，二十五美分）\\ f（fifty，五十美分）\end{cases}\end{cases}$$

---

[1] Harold C. Conklin, "Comment", in: *Anthropology and Human Behavior*, T. Gladwin and W. C. Sturtevant, eds., pp. 86–91 (The Anthropological Society of Washington, 1962).

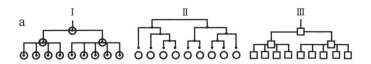

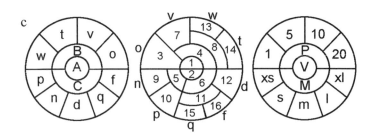

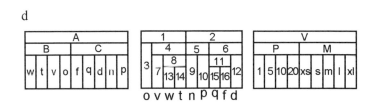

图六　美国钱币的三种分类

图中的第二竖行,是在假设没有语言的条件下,康科林根据钱币的形状所做的一种分类。这些数字符号的含义是:

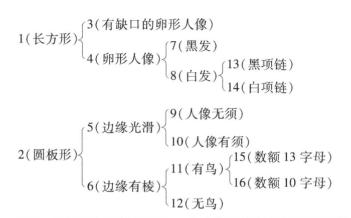

显然，根据形制所做出的这一个分类系统与根据语言所做出的分类系统完全不同。康科林由此而得出结论：如果知道语言，就可以根据语言构成一个很有意义的分类；如果没有语言，仅研究表面上形态的差异，并不能使我们得到可靠的、有助于我们认识事物本质的线索。康科林的结论是有道理的，他所提出的问题，对考古学也是很有意义的。但是，他的结论还不完全，因为他的实验并没有做完。除了他所举为例子的形制分类以外，我们还可以做出其他多种分类。图六的最右一竖行，就是我用同样的资料，做出的另外一种分类。

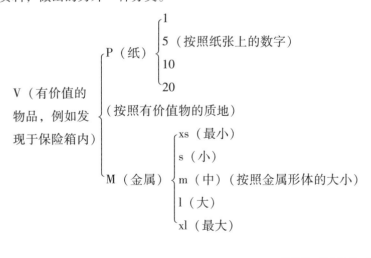

第四讲 考古分类

我所做的这个分类同样也是按照钱币表面的形态差异来进行的，但得出的分类系统，与按照语言所得出的分类系统完全相同。这个在现实生活中所做的实验对于考古分类有一个有益的启示：在没有语言的条件下，我们根据古代遗物表面差异所做的分类，是有可能与古人的分类相同的，问题是在于怎样去做。

我认为，为了寻找、辨认古人的分类，应该运用比较法，去寻找具有文化社会意义的分类。就是说，通过较大范围和较长时期内多个遗址的相互比较，选择出那些在文化社会的框架内起重要作用的分类。

什么是具有文化社会意义的分类？为什么要使用比较法？无论现代还是古代，有意义的分类是人们自己所选择的对周围物质世界的分类。这种分类是有意识或无意识的、明显的或不明显的，而且都是在文化社会的框架内进行，受这个框架支配的。所以，一个社会中，人们的某种分类有无意义，不决定于分类者自己，而决定于他所处的社会。美国研究考古分类学的一位先辈学者柯里格（Alex Krieger）曾经说过："一个发明者所创造的历史变异，如果没有得到社会的承认，或是不具有社会意义，那么这种变异就没有历史价值。"[1]反之，一个具有文化意义的分类，就不会随着创造这种分类的人一起死亡，而一定是从一代传到另一代，从一个社群传到另一个社群去的。另一个搞分类的美国考古学家斯鲍丁（Albert C. Spaulding）也说过："任何有相当一致性而且界说分明的行为准则〔如分类标准〕，在历史上都是有意义的。"[2]换

---

[1] Alex Krieger, "The typological concept", *American Antiquity* 9 (1944), p. 272.
[2] Albert C. Spaulding, "Reply to Ford", *American Antiquity* 19 (1954), p. 392.

言之，一个行为准则如果有历史意义，那么肯定具有相当的一致性而且界说分明。这两位学者的观点都表明，我们寻找古人自己的分类，即是去选择那些相对来说具有文化意义的分类。这些分类因其具有社会意义，必然有明确一致的划分标准，必然会在不同遗址间，在大片的地域内和长期的延续时间内有所表现。

让我们来举一个例子。假如在一个遗址中看到有三足鼎和四足鼎，这两种器物从形态上是可以区分开的。但是到底把它们分成两类还是一类？把它们分成几类才有文化上的意义？假如我们仅从这一个遗址着眼，则无法回答这些问题。但是如果我们处理的是一大片遗址群，或是不同时代的遗址，那么我们就可以根据不同现象，分别做出回答。如果是在一片区域内只有三足器，在另一片区域内只有四足器，而在两个区域的重叠地带三足器、四足器共存，那么这种现象说明，三足器和四足器具有文化的意义，它们分别代表不同的文化类型，而且这两种文化类型有交错的区域。如果是年代较早的遗址中只有三足器，而年代较晚的遗址中只有四足器，那么这又说明，三足器和四足器具有文化演进上的意义。如果是一个遗址中有三足器和四足器，而周围其他遗址都只有三足器，那么说明，四足器只是这一个遗址中的偶然的发明，它并没有从一个社群传到另一个社群；从文化整体上看，三足器与四足器的区分也就没有历史意义，没有文化上的相对意义。就好像北京话中的清浊音一样，可以归入一类。所以，如果我们讨论这一个具体遗址，不妨对三足器和四足器的区分加以描述；如果我们讨论的是整个文化，则没有必要区分出这两种类型。

下面，我们可以把今天所讨论的考古分类问题做一个简单总结：

第一，通过语言所做的分类，是我们了解古代文化生活内容的非常重要的工具。在有史时代，我们有许多非常有意义的资料来寻求语言的分类；在没有语言资料的情况下，则需要用比较法来判断我们所做的分类有无文化意义、历史意义。

第二，通过语言所做分类，只是考古分类的目标之一，我们还需要根据研究目的，提出其他标准，从多方面对古代遗物进行分类，尽可能地多挤出各种资料。

第三，无论做何种分类，都应有两个原则：一是分类的标准要明确、客观、有可比性；二是不能为分类而分类，而要有特定的目的，比如原料、用途、生活内容、人群间的关系等等。我相信在任何个别的考古情况下都不是仅有一个唯一的、自然的分类标准；分类的角度及繁、简的程度都取决于分类的目的。

第四，分类是多面的、多层次的、多级的。

第五，按照研究时的便利和范围，可采用符号、字母或叙述性、解释性名词，给予不同的分类命名。比如 A、B、C，Ⅰ、Ⅱ、Ⅲ等等。但是我们把它们命名之后，可千万不要受其拘束，不要把"名称"当做"事物"自身，不要把我们自己所拟定的标签代替了客观的、具体的历史现象。当我们把分类的命名规范化、体系化时，最容易犯这种错误。

以上讨论的是关于器物的分类。器物的分类是考古学研究的中心点、基本点。从器物的分类出发，可以进一步研究文化的分类。这里不妨再简单地谈一下有关文化分类的标准问题。

50 年代，西方考古学界曾讨论过确定文化共同体的标准问题。柴尔德在他 1950 年出版的《欧洲史前移民》（*Prehistoric Migrations in Europe*）一书中曾下过一个定义：

一个文化界说为与同样的房屋和具有同样葬仪的埋葬一起重复出现的一组器物。器具、武器、饰物、房屋、葬礼和仪式中所用物品的人工性的特征,我们可以假定是把一个民族团结起来的、共同社会习俗的具体表现。[1]

柴尔德的定义是大家经常使用的。但是这个定义牵涉到很多问题,受到不少挑战。1960年,新考古学家宾弗(L. Binford)提出,柴尔德的定义可以称为一种"标准性的"(normative)定义。就是说,柴尔德把一个文化中的生活习俗看成是很单纯很和谐的,可以举一隅而反三隅。而宾弗认为,生活习俗在一个文化的不同部分有很大差异,即一个文化中的不同"系统"之间应该有相当大的不同,也就是不能举一隅而反三隅。比如同一个文化在不同的季节就使用不同的工具[2]。

实际上来说,考古学文化定义的界说比柴尔德的提法是要复杂一些。但是,我们可以把柴尔德的定义作为基础,在此基础之上,进一步考虑文化内部的分歧性、复杂性;通过运用器物分类中所提出的重复分类、多层多级分类的一些原理,也可以找到有关文化分类的一些要求。

---

[1] Oslo:Instituttet for Sammenlignende Kulturforskning, 1950, p. 2.
[2] Lewis R. Binford, "Archaeology as Anthropology", *American Antiquity* 28 (1962), pp. 217–225.

第五讲 谈聚落形态考古

聚落形态（settlement patterns）是美国当代考古学最为常用的一种概念。美国的考古工作者一般来说是人类学系毕业的，在他们的训练中养成把古代的人类放在他们的社群里来研究的习惯，就好像社会人类学者在村落或社区里面来研究当代人类一样。同时，美国考古学目前对文化生态学（cultural ecology）特别重视，而聚落研究对人类和自然环境之间关系的研究提供一个尖锐的焦点。在另外一方面，也许是因为这一方面的研究太寻常、太普遍了，它很难得到一个普遍接受的定义，甚至在名字上也有种种异称；除了聚落形态（settlement patterns）以外，这种研究题目还可以叫做"聚落形态式的研究方式"（settlement patterns approach）、"聚落系统"（settlement systems）、"聚落考古"（settlement archaeology）、"空间或位置分析"（spatial or locational analysis）、"空间考古"（spatial archaeology）或"人口集团的分布"（distribution of population aggregates），等等。这些名称的含义未必全然相同，有时指基本的理论系统，有时指待研究的现象范畴，有时指特种的方法体系。

"聚落形态"这个名词在考古学上是什么时候开始使用的，我还不敢说定。美国民族学家自摩尔根开始便对印第安人聚落居址的研究有很大的兴趣。在北美西南，尤其对皮埃布洛（pueblo）

聚落的史前分布有很早的研究历史。但是，把聚落形态当做一个方法论上的焦点在考古学上的运用则始于安第斯山区研究所在40年代从事的秘鲁北部海岸的"维鲁（Virú）河谷研究计划"。社会人类学与文化生态学大师朱理安·史都华（Julian Steward）在聚落形态这个研究方式的使用上有启导的作用，但这方面划时代的一篇研究文章是1953年发表的戈登·魏利（Gordon R. Willey）的《维鲁河谷聚落形态之研究》。在这书里，魏利给聚落形态所下的定义是：

> 人类将他们自己在他们所居住的地面上处理起来的方式。它包括房屋，包括房屋的安排方式，并且包括其他与社团生活有关的建筑物的性质与处理方式。这些聚落要反映自然环境，建造者所实用的技术水平，以及这个文化所保持的各种社会交接与控制的制度。因为聚落形态有一大部分为广泛保有的文化需要所直接形成的，它们提供了考古文化的功能性的解释的一个战略性的出发点。[1]

在这一段最早的关于聚落形态的定义里面，有两点值得特别的注意。其一是相信一个考古文化的聚落形态与其说是研究的目的，不如说是研究之手段，而其目的则是"史前社会的非物质与组织方面的解释"[2]；其二是照魏利的看法，聚落形态的研究并不是考古学里面一个独立的个别的方法体系，而只是整个考古作业的一部分，在作这种研究的同时需有包括年代学等基本作业在内的

---

[1] *Prehistoric Settlement Patterns in the Viru Valley*，*Peru*，Bulletin 155，Bureau of American Ethnology，Smithsonian Institution，1953，p. 1.

[2] 同上书，p. xviv。

其他部分一起进行。

魏利虽然对他的新方法的适用范围表示谦逊,事实上他的维鲁河谷报告在美国考古学史上是一个经典性的里程碑。这与美国及西方考古学史上的一个转捩点有关,不妨稍稍述说一下[1]。在本世纪初期,西方考古学主要的工作集中在发现新材料、建立年代学和推溯文化及文化成分的起源发展等所谓"文化史"的工作上。到了30年代,有些学者已经开始对这类工作感觉不够,而要求考古工作者不但对"物"而且要对"人",对人的文化社会生活方式等多做些工作。持这种想法的显著的例子在欧洲有柴尔德[2],在美国有克罗孔(Clyde Kluckholn)[3]。可是对旧的考古学攻击最烈的是瓦德·泰勒(Walter W. Taylor)所著的《考古学之研究》;这是他在1943年向哈佛大学人类学系提出来的博士论文,但到了1948年才印行发表[4]。在这本书里,泰勒以在卡内基研究所工作而与哈佛大学有多年密切关系的美国二三十年代考古大师祁德(A. V. Kidder)为主要对象,攻击他所代表的"文化史"的研究路线。另一方面,泰勒提倡一种"缀合的研究方式"(conjunctive approach),即把器物用人类学的蓝图"缀合"起来,以便对古代社会作复原工作。

---

[1] 关于美国考古学史的一本比较客观的综述是 Gordon R. Willey and Jeremy A. Sabloff, *A History of American Archaeology* (second edition) (San Francisco: W. H. Freeman & Co., 1980),这本书可作本节讨论的参考。

[2] V. G. Childe, "Changing methods and aims in prehistory", *Proceedings of the Prehistoric Society for* 1936, pp. 1–15.

[3] Clyde Kluckholn, "The place of theory in anthropological studies", *Philosophy of Science* 6 (1939), pp. 328–344; "Conceptual structure in Middle American studies". in: *The Maya and Their Neighbors*, C. L. Hay, et al, eds. (New York: D. Appleton–Century, 1940), pp. 41–51.

[4] *A Study of Archaeology*, Memoir No. 69, American Anthropological Association, 1948.

由于第二次世界大战的关系，虽然考古学的新方向在 30 年代后期已开始起步，但重要的创造性的著作 50 年代初期才与读者见面。有代表性的可举欧洲的克拉克所著《史前欧洲——经济的基础》（1952）和美洲上举魏利的《维鲁河谷聚落形态之研究》（1953）为例子。专就新大陆而言，聚落形态的研究供给了泰勒所谓"缀合的研究方式"的一个具体的作业例证，因而在考古学上造成一种基本性的转变，即从以"器物"为基本单位的入手方式，转为以"遗址"为基本单位的入手方式。因此，从 1953 年以来，聚落形态成为美国考古学方法上的一个焦点。

到了 60 年代，美国考古学又起了一次新的重大的变化，即所谓"新考古学"（new archaeology）的兴起。在 1960 年宾弗所发表的一篇题为《作为人类学的考古学》[1]论文可说是肇新考古学之端的。这以后，宾弗氏在芝加哥大学教书时的一批研究生毕业以后，在 70 年代成为美国新考古学的主力；这一派考古学又横越大西洋传到了英国，引起了已故的大卫·克拉克（David L. Clarke）的巨作《分析考古学》（1968）的产生[2]。今日英美的考古学界，新考古学占有很大的势力，但主张者在理论上和方法上并不完全一致。大致来说，他们有几个特点：（1）注重文化生态学；（2）采用"系统理论"（systems theory）以了解文化；（3）注重方法（以推论或演绎及"假说验证"为主）而不求个别文化深度研究；（4）以文化社会变迁程序及法则之寻求为主要目的[3]。

---

[1] 见本书 71 页注[2]。
[2] *Analytical Archaeology* (London: Methuen, 1968).
[3] 对"新考古学"最为客观而且有见解的分析者是加拿大蒙特利尔的马克给尔大学（McGill）的炊格尔（Bruce G. Trigger）；见 *Time and Traditions* (New York: Columbia University Press, 1978)。

专就聚落形态的研究来说，新考古学者对它是重视的。最近考古著作中对聚落形态的研究有三个同时并进的重要焦点：文化生态学、系统理论和空间分析，也就是以前者为理论基础，以后两者为方法主干。我自己是坚持从事所谓聚落考古学的，即注重聚落的整体研究，并坚持通过居民社会的研究去看文化生态学[1]。下面对聚落形态考古方法的描述，主要采自我自己的《考古学中的聚落形态》一书[2]，引书出处除必要的以外在此略去。

地理学与民族学的蓝图

在地理学和民族学上，"模式"（model）这个观念是一种认识论上的构筑，用来模仿真实作为研究的基础。我在这里用"蓝图"（model）这个字完全是方法论上的，想自地理和民族学上所知道的现实人类社会中聚落形态与人的关系，作为在考古学里没有人存在的空间性材料解释的出发点。

(一) 地理学的蓝图

聚落形态在人文地理中久为研究的一个重点，如英国地理学家彼得·海格（Peter Haggett）所说的："聚落是人类占居地表的一种具体的表现，因此它们形成地形的重要组成部分，而应在人文地理学的手册中占有中心性的地位。"[3]

英国地理学者琼斯（Emrys Jones）将聚落的研究分为三个方

---

[1] 张光直：《中国青铜时代》，107—134 页。
[2] K. C. Chang, *Settlement Patterns in Archaeology* (Addison-Wesley Publishing Company, 1972).
[3] Peter Haggett, *Locational Analysis in Human Geography* (London: Edward Arnold, 1965), p. 88.

面：(1) 聚落址，即房屋或房屋群与其就近自然环境之间的关系；(2) 组合形态（pattern），即房屋与房屋之间的关系，常与聚落址无关；(3) 分布，即聚落的比较广泛的方面，如什么地方是聚居之处，而什么地方不适聚居，聚落范围如何，等等。在这三点之间，聚落的分布在人文地理学中的"空间学派"中研究比较成熟；他们的一些概念和方法有时对考古工作者来说也有一定的用途。下面举几个例子。

人文地理学中所谓"位置分析"（locational analysis）的一个基本的蓝图是所谓"基本网格模式"（basic lattice model）；这个模式是克里斯陶勒（Christaller）所首创的"中央位置理论"（central place theory）的基础，用来解释聚落分布的形式。首先，我们要假设一种理想的情况，在这种情况之下，人口与购买力分布均匀，地形齐整，而且自然资源在各地的分布有规则。同时，运输条件在各方向都完全一样。在这种情况之下，诸聚落的水平分布与垂直分布要遵守若干规则。其水平分布的规则如下：

H-1：聚落相等距分布形成三角形格；

H-2：聚落在六角形贸易区内位于中心。

垂直分布则造成各单元之成层组织；组织之原理：

V-1：高级地点供应全部低级地点之货物，并提供一部分使与低级中心地点不同的高级地点的货物和服务；

V-2：高级地点向较低级地点为大的范围提供货物与服务，有较多之贸易商，较多的人口，较多的贸易地区，较大的贸易地区的人口，并经营较多商业。

垂直组织以下列方式作平行的表现：

C-1：较高级之中心地点与较低级之中心地点彼此距离较远；

C-2：较低级之中心地点，为了能接受较高级地点的货物与服务，要在较高级地点的贸易区域之内依一定规则

"搭巢"。

如图七所示,克里斯陶勒根据这类原理所构想的三级"中心位置"模式(K-3),表示三级不同的将货物与服务供应给消费者的中心位置:低级(黑点),中级(圈),高级(圈中有点)[1]。

以上这个基本的规则性的网格模式有种种曲折变化,我们不必一一讨论。上面略作介绍,是因为一二十年以来西方考古学著作中所谓"中心位置理论"是一个相当热门的观念,有许多人在研究古代聚落形态上使用它来解释聚落的分布形状。简而言之,中心位置理论的要点,从考古学的使用上说,有一个方法,一个理论。在方法上,它是把聚落当作"活动"(生产活动与交

图七 克里斯陶勒氏的 K-3 聚落模式

---

[1] B. Garner, "Models of urban geography and settlement location", in: *Socio-Economic Models in Geography*, R. J. Chorley and P. Haggett, eds. (London: Methuen, 1967), pp. 303-360.

换活动）的"组"（cluster），进一步将"组"平行地组成"网"（networks），垂直地组成各个等级。在理论上，这种学说主张聚落地点选择是对"资源最大程度的利用"与"不同点之间出力最小之移动"这两种考虑混合的结果。在我的立场看，这个方法是有参考价值的。但这个理论是在西方资本主义社会市场经济下所作观察的总结，有多少适用于资本主义以前的经济形态，是可以研究的。如像席尔（Hill）那样把这一套观念直接搬到考古学上去，说"遗址的位置的选择是以减少开发、运输与分布重要的食物资源所需之时间与能量为目的的"[1]，就忘掉了古代社会中的人比现在的人更需经过社会的媒介才能与自然环境加以接触这件事实。

（二）民族学的蓝图

考古学方法的设计和使用是离不开民族学的。一则是人与物之间有机联系关系的蓝图在民族学的情况中是可以详细画出来的，可以给只有"物"或只有一部分"物"可用的考古学以参考。二则是民族学可以提供多种变异的很多蓝图，作为研究与现在或与后世现象有所不同的古代现象的参考。专就聚落形态的研究方法而言，民族学至少在三个不同的方面可以给考古工作者以实际的启示。

1. 聚落单位的划定

位置学派的地理学家把大小不同的人口群在地表上的存在，看作是"人类活动的空间组织的必然的特征。……既然

---

[1] James Hill, "Research propositions for consideration, Southwestern anthropological sesearch group." in: *The Distribution of Prehistoric Population Aggregates*, G. J. Gumerman, ed., p. 58 (Prescott College Press, 1971).

聚落在空间上是彼此分离的,其间的连锁是必要的,而一种研究的架子是把它们看作一个运输网中许许多多的结"[1]。这些"结"依网的大小性质而有大小不同,它们也是民族学家调查的据点。照英国皇家人类学研究所的《民族学调查手册》的建议:

> 在研究一个社群的社会结构时,我们可以很方便地自地方群的形式开始,自最小的开始,即个别家屋,直到最大的地域群。[2]

伏特(Vogt)把地方群依聚落形态分布研究的作业需要分为:(1)个别家屋的性质;(2)在一个村落或社群单位之内这些家屋与家屋之间的空间性的安排;(3)家屋与其他建筑物如庙宇、宫殿、运动场、祭屋等等之间的关系;(4)村落或社群的整个平面图;(5)村落或社群与其他村落或社群之间在特定地区内彼此的空间关系[3]。综合说来,民族学者把聚落单位划为三层来研究,即个别建筑物、村落内与村落间。

2. 聚落单位之间的关系

一个聚落不仅是一个网架中的一个结,而且是根据许多不同标准而打起来的许多网中的一个结。最显著的网是生态上的。民族学上至少有两个以生态关系来解释聚落网的蓝图。其一是聚落

---

[1] B. Garner, "Models of urban geography and settlement location", in: *Socio-Economic Models in Geography*, R. J. Chorley and P. Haggett, eds., p. 306.

[2] Royal Anthropological Institute, *Notes and Queries in Anthropology*, 6th ed. (London: Routledge and K. Paul, 1951), pp. 63 – 64.

[3] Evon Z. Vogt,"An appraisal of prehistoric settlement patterns in the New World", in: *Prehistoric Settlement Patterns in the New World*, G. R. Willey, ed. pp. 173 – 182, Viking Fund publications in Anth ropology, No. 23, 1956.

单位在某一段时间之内为开发自然资源而形成的空间分布。这种分布形态多发生在渔猎民族里面，以划定开发活动地点的暂时性质与特殊功能为焦点。其二是在同一地区之内不同民族（而不是同一民族的不同聚落单位）分别开发不同资源的地点，其间形成所谓"共生关系"（symbiosis）。

生态并不是把聚落单位结合在一起的唯一纽带。聚落单位之间的关系还可能是建立在政治、贸易、婚姻、宗教等等关系上的。这些活动有时有具体的建筑表现（如城镇、市场、仪式中心），而为参加这种活动的各个聚落单位所共有。同一个聚落可以同时或先后参加许多活动圈，而这些活动圈常常在空间上并不完全吻合。同时，聚落单位的大群不一定都是由活动功能所界说的，也可能来于文化的风格。完全相同的聚落网可能有完全不同的文化形式，而来自完全不同的历史经验。

上述民族学上看到的聚落形态的蓝图，即同一个聚落形态的多面性的分群关系，可以表解如下（表三）：

表三 聚落单位多面性分群关系

3. 聚落形态的伴存文化

从文化与社会进化论的立场来看，不同的进化阶段有不同的聚落形态上的特征。考古工作者从民族学上所得的启示，是从比较具体的、可能有考古遗迹可据的聚落形态得到的。我们可以从事古代社会或意识形态部分的复原工作，但是这类工作需要极端的慎重。麦克纳曾作过这方面的尝试（表四）[1]。（关于对这个表所作的全人类进化方式分期的一致性的必要的批评，已见第一讲。）

聚落形态的考古学研究

什么是考古学上的聚落形态研究？炊格尔（Bruce G. Trigger）将聚落考古学下定义为"用考古学的材料对社会关系的研究"[2]。我想从另外一个角度来下这个定义，就是把这种考古学当作一种方法，使聚落单位当作过去活动的地点而用为考古分类的首级单位。据此，我把炊格尔的定义改换为这个形式：聚落考古学是在社会关系的框架之内来做考古资料的研究。这套方法包括下面几个步骤：

1. 聚落单位的整理
2. 同时各聚落单位的连接
3. 各聚落单位在时间上连续成串
4. 聚落资料与其他资料关系的研究

这个步骤参考了地理学与民族学的蓝图，并且是以考古作业的实际需要为基本依据的。考古作业与地理学、民族学作业最大的不同，是在考古情况之下没有人类在作主角，但另一方面在考古情况之下我们据有时间上较大的深度。

下面把这四个作业步骤的前面三个略加说明。

---

[1] Charles W. McNett, Jr., "A settlement pattern scale of cultural complexity", in: *A Handbook of Method in Cultural Anthropology*, R. Naroll and R. Cohen, eds., pp. 872–886 (Garden City, N. Y.: Natural History Press, 1970).

[2] Bruce G. Trigger, "Settlement archaeology – its goals and promise", *American Antiquity* 32 (1967), p. 151.

表四 聚落形态与文化的伴存形式（据麦克纳）

	1	2	3	4	5	6
聚落形态	在一定地域内作有限度的游居	一年中一部分时间有中央基地；初步的游牧；动物与人杂处	半定居村落，土地耗尽后迁居；马猎	初级的核心形态，半自给式—经济中心及卫星村；分化的游牧；畜牧	高级的核心形态，有永久性的行政中心	核心以上组织性的；单位进一步组成国家，常以征服方式形成
经济	个人财产通常限于采食工作，主人死后便毁掉；共享食物；土地共有	大致上大小一样之社群；如有剩余物资不为特定人群所有	土地家有；有剩余物资但再分配；若干村落手工业分工	土地私有；分工	较多剩余物资，为上层阶级所控有	商业化，大规模货物流通，财富蓄积，纳税
政治	由有亲属关系或好的家庭组成的群团，首长顾问	氏族、半部族为组织基础，头人为社群代表	亲族制为基础的制度中有强制能力的首长		行政中心、分层统治、国王、法律及政治取代亲属	绝对权力，政府控制人口、常备军
宗教	较散漫信仰，有巫满治病求福	较正式，较多生老病死及群益仪式，萨满有大权力	形式化，有教士、仪式、庙宇、群益仪式众神		有分等级之教士，庙宇仪式，祭众神	国王与神相应
社会	没有地位差别	地位依能力大小	地位依剩余物资分配	依财产而分阶级	世袭阶级	下层阶级人众；有许多奴隶

1. 聚落单位的整理

考古工作者作聚落形态研究的出发点，亦即上面所说的"结"，是他发掘出来的一个或一组堆积单位。作为聚落形态研究单位的堆积单位的特点是：（1）连续的垂直分布与平行分布；（2）内涵文化的"平衡状态"。所得的堆积单位可能包括：

独立家屋、谷仓、贮藏坑，或多数家屋、仓、坑在连续区域内的集群；

垃圾或其他堆积物，在一个连续区域之内，在它堆积期间没有有意义的变化——常在其前其后为堆积之不整合所分界；

单独墓葬；

单独作坊；

单独杀兽点或单独剥皮切肉点；

单独火炉、灶址；

单独夜营或为时不长的营盘；

具有上列各种现象或一部分现象的连续区域。

这样整理出来的聚落单位在美国考古作业上常常称为一个"组成单位"（component），因为它是更大的文化单位（文化 culture 或文化相 phase）的组成单位。这个单位的时空界说，是空间上的连续性与时间上的稳定性。

这个界说需要进一步说明。空间上的连续性比较容易理解，但我们必须说明所谓"连续"并不指绝对的在空间上紧密相接，而是指在同一个社群日常活动的空间范围之内。例如若干家屋、谷仓、作坊、墓葬等群集在一个村落或城镇的范围之内，彼此之间虽然有一定的空间距离，但都在一个社群日常活动范围之内，那么这些堆积单位便属于同一个聚落单位。换言之，界说单位的标准是使用考古遗址的人群而不是遗址本身；这也是为什么考古工作者必须掌握民族学若干基本概念的原因。

但是空间的连续性是要与时间相结合起来考虑的。例如有一排房屋，它们彼此之间基本上是连续在一起的，但从层位的观察与内涵文化的分析上看，如果这些房屋不是同时居住的，而从早到晚其文化内涵发生了重要的变化，那么这一排房屋便有两个或两个以上的聚落单位。换言之，要把上面所说的在一个村落或城镇的范围之内的若干家屋、谷仓、作坊、墓葬等再拿出来分析一下它们的年代与文化内涵。如果发现年代较长，文化内涵有重要变化，那么我们便得考虑两个或两个以上的聚落单位。再换言之，把堆积单位集合起来作为聚落单位，和把聚落单位集合起来作为更高的单位（见下）的时候，我们得首先确定我们所处理的是"同时"的社会单位。这个道理自然是很清楚明白的：我们当然不应把先后不同、变化重大的一大片房屋当作同一个聚落来研究它的形态。

但是什么是"同时"？这并不是一个容易回答的问题。一个民族学者到一个公社去调查的话，例如是今天，1984年9月5日，那么我们所看到的种种生活活动和这些活动的场所，都同时发生，同时存在。但是考古工作者所调查的生活活动遗迹和场所，代表好几百个日子，几千个日子，甚至于几万个日子。一个社群的组成，他们的活动，他们对生活场所的使用，从第一天到第二天每天都是在变的。所谓"同时"是同一天，是同一个月，是同一年，是同一世纪？不用说用任何鉴定年代的方法，无论是碳十四还是树木年轮，甚至是文献记录，我们都不可能把一堆积单位的每一部分和每一件器物都一天一天甚至一年一年地交错断代。即使可能的话，这样做有无必要？做出来对古代聚落形态的理解有无价值？

我的回答为既不可能也无必要。上面谈考古分类时已经说过，器物的变化是无穷的，我们把器物分成类别，就看这种分法有没有历史上的意义。分了类以后,在每类之内的器物并不是完全一样的,但是我们把它们当作一样看,专就器物类型说,是可以举一反三的。换言之,在同一类器物之内的变异我们认为是没有历史意义的。同样的,一个聚落的连续堆积过程可能有数十年甚至数百年数千年,在这连续堆积过程中也有连续的变化。这种变化可能与层位的分隔相结合,但也可能完全没有层位分离的现象。不论如何,我的建议是,当这种变化在一个聚落单位的空间之内如果发生到质变的程度,即发生到整个文化体的平衡性遭受到破坏的程度,那么我们便须另行开始一个新的聚落单位。在每一个这样界说下来的聚落单位之内的所有遗物现象便都在这个意义之上是"同时"的遗物和现象[1]。

2. 聚落布局

在一个"同时的"聚落单位之内,社会生活活动是不是在一定地点进行?根据民族学的观察,生活活动是有地点性的,这样便给了考古工作者纵察全局的线索。如果有居屋、葬地、庙宇、作坊等建筑物,则各种不同的建筑物在聚落单位之内的分布便代表各种活动分布的焦点。这种聚落的布局固然与各种活动在空间上的需要及其与自然环境的联系有关,但各种建筑物之间的关系常常是跟着人与人之间的关系变的。因此,聚落布局一方面指示活动布局,一方面也是研究古代社会组织关系的一条重要线索。所以,聚落单位内的布局也可以叫做"社区形态"(community patterns)。

最近二十多年来,西方考古学对古代和史前聚落单位的布局做了不少细致的研究,但基本上集中在房屋布局与器物特征布局两个方面。前者之有系统的考古研究是从我的一篇论文开始的。

---

[1] 关于"同时性"的讨论见 K. C. Chang, *Rethinking Archaeology* (New York, Random House, 1967), pp. 29–36。

在《新石器时代的社会分群之研究——新世界的例子》一文[1]中，我将聚落内房屋布局分为四类，即有计划的、无计划的、分组的和独立家屋式的。一般而言，这种布局的种类与居民的亲族制度的不同类型有直接关系。后者即器物特征在聚落单位之内的空间分布的研究是从笛资（James Deetz）对北美史前印第安人聚落中陶器花纹与居住面之间关系的研究开始的[2]。后者的研究方法，60年代以后在美国考古学界得到飞跃式的发展，学者可以从器物细部特征与聚落各部分地点或遗迹的联系分布关系得到社会关系上的非常重要的结论。

3. 同时诸聚落在较大区域内之连接

考古学上聚落形态研究的主要形式是研究许多聚落单位之间的关系。有人把聚落单位之内布局的研究叫做"微观聚落形态"（microsettlement patterns），而把聚落与聚落之间在较大区域内的彼此关系叫做宏观聚落形态（macrosettlement patterns）。宏观聚落形态的作业程序主要的目的是：（1）把聚落单位集聚成为有某种意义的更大的单位；（2）辨认这更大单位之中各个聚落单位之间的关系的规则性；（3）对这种规则性加以解释。

许多聚落单位在更大区域内的连接关系的一个主要概念是：聚落单位是固定不变的，但更大的单位是可变的，只是为了特定目的所划的大圈圈。换句话说，每一个聚落单位可以参加好多个较大单位，而这些较大单位在空间上都不吻合。同样的聚落单位原料可以不同的标准划入不同的大圈圈（图八）。在考古学情况中常见的大圈子有下面这几种。

---

[1] K. C. Chang, "Study of the Neolithic social grouping: Examples from the New World", *American Anthropologist* 60 (1958), pp. 298 – 334.
[2] James Deetz, *The Dynamics of Stylistic Change in Arikawa Ceramics*, Illinois Studies in Anthropology, No. 4 (Urbana: University of Illinois, 1965).

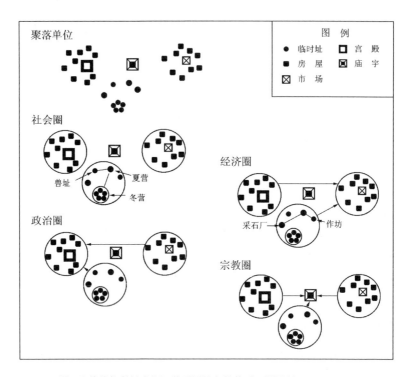

图八　同样的聚落单位所划成的四种不同的文化体系（原图见 K. C. Chang, *Settlement Patterns in Archaeology*, Addison – Wesley Publishing Company, 1972。本图采自 R. J. Sharer and W. Ashmore, *Fundamentals of Archaeology*, Benjamin – Cummings, 1979, p. 428）

在石器时代，尤其是旧石器时代，最常见的是季节性聚落群，这种聚落群在当代的渔猎民族里面仍是主要的聚落形态[1]。造成这种聚落群的中心概念是一个共居的社会群，这群人在一年的头尾占居一个"年求生区"，但在不同的季节分为不同小群占居这个年求生区之内的各个求生地点。根据年求生区的位置，这种聚落群又可分为两种：一种是游动性的季节性聚居群，即这群人的年求生区每年或数年便搬迁到他处；第二种是固定性的季节性聚落群，即其年求生区经常在同一个区域而不变化。这一种固定性的季节性聚落群又依其主要基地的位置而分为两类：一类有永久性的主要基地，一类其主要基地每年或数年便有变化。这样，季节性聚落群便粗分为四种。所以，在我们谈到古代渔猎游牧民族聚落形态的时候，不能只用"游居"这一类字眼，因为这是不够精确的。

第二种更大的聚落单位是"共生区域"。在这区域内也有许多聚落单位成群占居，各个聚落通常与相异的自然资源相结合。因此，在外表上，这种聚落群与上面一种相似。但是在共生区域内的各个聚落是同时为文化不同的人群所占居的，因此，在一个共生区域内的各社会群通常是专业化的，彼此之间要从事交换或贸易才能自给自足。在古代文明的边缘地带常有这种共生区域，其中共生的成员便是农人和牧人。

第三种在考古学上比较常见的是村庄，这在新石器时代便是标准的原始公社。它可能只包括一个聚落单位或构成单位，在经济上自给自足，但在实际的情形中，这种村庄多与卫星营盘相配合。在形式上，这种聚落区与上面所说有永久性基地的年求生区

---

[1] K. C. Chang, "A typology of settlement and community patterns in some circumpolar societies", *Arctic Anthropology* 1 (1962), pp. 28 – 41.

的季节性聚落群是一样的；一般季节性聚落群中基地住民是从事狩猎的，但是如果他们从事农耕，便形成了这里所说的带卫星营盘的原始农村公社了。

再往上走，我们便得到更高级的聚落群，包括若干自给自足的农村共同使用同一个市场、同一个庙宇或同一个墓地，或是殖民式的村落群，由一个主村和若干分支村落或开垦村落组成。再进一步便是文明时代的城乡连续体和考古学上的"文化"。这些大群在集合上的考古作业虽然不是很简单的，但在概念上是比较清楚不需啰唆解释的了。

4. 聚落形态的变迁

比起民族学来，考古学处理聚落形态最大的一个优点便是时间上的深度。不论我们的材料是不同遗址通过长时间在聚落形态上的变化，还是同一遗址在长时间之内聚集了在聚落形态上的变化，而从一个"同时"单位跳到另一个"同时"单位所显示出来的质变，考古学可以研究聚落形态变迁的程序和动力的途径是显然的。在中国的情况下，从考古学看聚落形态的变化更可以和历史地理学的许多宝贵资料综合起来研究，可是，其潜在价值还很少加以利用。

第六讲　三代社会的几点特征
——从联系关系看事物本质两例

上面我在考古学的重要方法体系里面选了两个题目作了比较详细的介绍，即考古分类的若干基本观念与聚落形态的考古研究。这里准备讨论的是第三个方法论上很重要的课题，就是如何从事物与事物之间的联系关系，来追寻和证明各种现象的本质。

这一个课题讨论起来比较抽象，应当是搞哲学的人来谈的。作为一个考古工作者，我对具体的例证比较能够把握，所以我想在这里介绍一下我对中国三代社会的几点特征的研究，用这作为从联系关系看事物本质这种方法体系的例子。在三代的文明里，最引人注目的现象可以说是商周的艺术（主要是青铜艺术）和商周的都市。这两方面，我们在文献资料与考古资料里所看到的种种现象是如何形成的？又如何解释这些现象？大体的原则我们是了解的，就是说艺术和都市在古代都与政治权力的追求与传递是有密切关系的。但是仅举出这个原则当作我们的结论是不够的，我们作为学术工作者还需要把现象与本质之间的联系一步一步地发掘出来，证明出来。这种证明的步骤是考古学的方法，但设计与使用这种方法便要靠我们把事物与事物之间的关系看做是有机的、辩证的、动态的，及有因果关系的这一类的理论观点。

我对于中国三代考古研究的一个基本观点便是资料中所见的事物不是孤立存在的，而事物彼此之间的联系关系乃是追寻三代社会本质的关键。下面，将两篇最近刊布了的论文，稍改写了一下，收入在这里，可以做这一种入手方式的例子；这两篇论文也可以说是对我的《中国青铜时代》（北京：三联书店，1983年）一书的补充。读者可以自该书其他论文里再找到这一类考古方法论的例子。

一　中国古代艺术与政治[1]

中国古代艺术与政治这样一个大的题目，是在一篇短文中说不完的，但这篇小文实际上是《商周青铜器上的动物纹样》[2]一文的一个续篇。现代的艺术家也许有"为艺术而艺术"与"为人生而艺术"这一类的争论，可是在古代艺术的研究上，至少是在中国古代商周艺术的研究上，我们一般多同意"政治、宗教和艺术是结合在一起的"[3]这种看法。可是古代的艺术与古代政治相结合是采取怎样的具体方式呢？在商周艺术上占重要地位的动物纹样的意义未经阐明之前，这个问题的回答是比较困难的。

传统的金石学对这个问题是没有答案的。《吕氏春秋》里屡次提到周鼎的花纹，都给予哲理修养上的解释："周鼎著饕餮，有首无身，食人未咽，害及己身，以言报更也"（《先识览》）；"周鼎著象，为其理之通也"（《审分览·慎势》）；"周鼎著鼠，令马履之，为其不阳也"（《恃君览·达郁》）；"周鼎著倕，而龁其指，先王有以见大巧之不可为也"（《审应览·离谓》）；"周鼎

---

[1]　本节原载《新亚学术集刊（艺术专号）》4，1983年，29—35页。
[2]　《考古与文物》1981年2期，53—68页。
[3]　马承源：《中国古代青铜器》，33页，上海人民出版社，1982年。

有窃曲，状甚长，上下皆曲，以见极之败也"（《离俗览·适威》）。照这种说法，周人在鼎上铸了动物的纹样乃是表达哲理思想的，而自北宋以来的金石学者也就常将此说沿袭使用，如《博古图》所说"象饕餮以戒其贪"（《总说》），便是典型的例子。近代学者不为传统看法所局限，进一步看到古代艺术与政治的结合，代表对商周艺术研究的很大的进步；至于二者结合的具体方式，一般的看法是相似的，可以举最近的三个例子：

> 各式各样的饕餮纹样及以它为主体的整个青铜器其他纹饰和造型，特征都在突出这种指向一种无限深渊的原始力量，突出在这种神秘威吓面前的畏怖、恐惧、残酷和凶狠……它们之所以具有威吓神秘的力量，不在于这些怪异动物形象本身有如何的威力，而在于以这些怪异形象为象征符号，指向了某种似乎是超世间的权威神力的观念。[1]

> 商和周初青铜器动物纹饰都是采取夸张而神秘的风格。即使是驯顺的牛、羊之类的图像，也多是塑造得狰狞可怕。这些动物纹饰巨睛凝视、阔口怒张，在静止状态中积聚着紧张的力，好像在一瞬间就会迸发出凶野的咆哮。在祭祀的烟火缭绕之中，这些青铜图像当然有助于造成一种严肃、静穆和神秘的气氛。奴隶主对此尚且作出一副恭恭敬敬的样子，当然更能以此来吓唬奴隶了。[2]

进入青铜时代，商周奴隶主阶级的宗教与艺术，继承

---

[1] 李泽厚：《美的历程》，36—37页，文物出版社，1981年。
[2] 马承源：前引《中国古代青铜器》，34—35页。

了史前时期的某些历史传统,加以利用改造使之为自己的神权统治服务,可能更附加了一些新的属性,情况虽然不详,估计无非是想说明"聪明正直为神",神也无所不在,监临下民,叫人恭敬严肃,小心畏惧,兽面纹样之普遍见于鼎彝之类"重器"之上,居于如此显著地位,反复出现,或者就是为了这个原因。[1]

上面这几段文字所代表的看法,照我的意见是很有见地的。商周艺术品上动物纹样的严肃、静穆与神秘的气氛所引起的在下层群众心中的恐惧,很可能是维持与加强统治者政治力量的一个强烈的因素。但在另一方面,这种解释可能还欠完备。古代艺术品常是庙堂之器,不一定是下层众人能轻易看到的,同时现存的商周艺术品绝大部分是自墓葬里出土的。如果古代艺术品的政治作用不是一定在公开陈列的情形下才能发挥,而在埋藏起来以后仍旧不失其效力,那么它的政治力量便不能仅靠它所造成的气氛与在那种气氛之下所引起的恐惧来达到了。换言之,商代艺术品本身或其动物纹样本身是不是有一定的宗教力量与政治力量,或是说它们本身便是直接达成某种宗教目的、政治目的的工具呢?

上面所说的《商周青铜器上的动物纹样》一文里,我提出了上面这个问题的肯定的答案。这个回答的主要关键,是确定了商周青铜器上的动物纹样实际上是当时巫觋通天的一项工具。这里我们不妨把这个主张更加扩张,把它当作商周艺术的一般特征,并且指出这种为通天工具的商周艺术品,也正因此而是商周统治阶级的一项政治工具。商周艺术品(尤其是青铜艺术品)的这些

---

[1] 刘敦愿:《吕氏春秋"周鼎著饕餮"说质疑》,《考古与文物》1982年3期,87-88页。

特征，便是九鼎传说的基础。

关于商周青铜器上的动物纹样本身乃是巫觋通天工具这个说法，我在前文里有比较详细的引证，这里便不再加以重复了。现代比较原始的民族里面还有巫觋名为萨满的；萨满的主要作用便是通神，而在他们通神的过程中各种动物常常作为他们的助手或是使者。中国古代的文献里也有不少动物扮演通神使者的迹象；《山海经》和《楚辞》里都提到"二龙"或"两龙"是巫觋宾天常用的标准配备。甲骨卜辞里也有"帝史凤"的称呼。从各方面的证据看来，说商周青铜器上的动物纹样便是巫觋通天工具的一个重要部分，应该是不成问题的了。如果青铜器上的动物纹样有这种作用，那么在其他原料的艺术品上面的动物纹样，也应该有同样的作用，也是商周巫觋通天工具的一部分。

商周艺术上的动物纹样，或甚至说商周艺术，一般而言，虽然是巫觋通天的一种工具，却不是巫觋通天的唯一的工具。关于商周巫觋通天地这件事，要从重黎二神绝天地通这个神话说起。这个神话是比较熟知的。《书·吕刑》：

> 上帝监民，罔有馨香德，刑发闻惟腥。皇帝哀矜庶戮之不辜，极报以威，遏绝苗民，无世在下，乃命重黎绝地天通。

《国语·楚语》对这一段故事的来龙去脉，作了比较详细的说明和解释；这已在第一讲中将全文引述了，这里不再重复。《楚语》中观射父这一段话分好几个层次把中国古代的宗教、巫觋及祭祀作了很有系统的分析。在本题上说，它一方面解释了通天地的主要方法与工具，一方面点破了通天地在政治上的意义，所以，这是中国古代艺术史上关键性的一段史料。

神属于天，民属于地，二者之间的交通要靠巫觋的祭祀。而在祭祀上"物"与"器"都是重要的工具："民以物享"，于是"神降之嘉生"。商周的青铜彝器以及其他质料的彝器，如木、漆、玉、石、骨、牙等器，都可以做巫觋的法器，它们上面的动物纹样便是巫觋的助手、使者。这些在前文都已详述。但巫觋的祭祀通天，其手段还是比较复杂的，我们对于祭器及其动物在这些仪式上的具体作用，还不能彻底地了解。但是我们相信巫觋在祭祀作法时，具体地说，是使用占卜术而能知道神与祖先的意旨的；是使用歌舞和饮食而迎神的；是使用酒精或其他兴奋药剂达到昏迷状况而与神界交往的。在这些具体的通神方式上，商周的艺术品很显然地都要发挥相当重大的作用。关于这一点，即古代艺术自具体细节上看究竟是如何与巫觋通神相关的，实际上还需要更多、更进一步的研究，但这里不妨举几个明显的例子。

古代各种占卜术中最为人们熟知的是商周的骨卜与龟卜；骨卜与龟卜对古代艺术的贡献主要是在书法上面。卜辞的书法已经达到个别书家表现其作风的境地了，所以董作宾在他的《甲骨文断代研究例》[1]中把"书体"列入了断代的十项标准之一："在早期武丁时代，……史臣书契文字，也都宏放雄伟，极为精彩；第二、三期，史官书契，也只能拘拘谨谨，恪守成规，无所进益，末流所屈，渐趋颓靡；第四期武乙好田游，不修文事，卜辞书契，更形简陋；文武丁锐意复古，起衰救弊，亟图振作，岂奈心有余而力不足，'文艺复兴'仅存皮毛；第五期帝乙帝辛之世，贞卜事项，王必躬亲，书契文字，极为严肃工整，文风丕变，制

---

[1] 《中央研究院历史语言研究所集刊外编·庆祝蔡元培先生六十五岁纪念论文集》，323—424页，1933年。

作一新。"[1]最近在陕西岐山扶风周原新发现的文王与其后数王时代的甲骨文,又自成一派,属于纤细的微雕艺术[2]。但是书法艺术在巫觋通神占卜术上,究竟起过什么样的作用,还是一个值得进一步研究与过细讨论的问题。照一般卜辞学者的看法,卜辞是在占卜之后才书写雕刻在甲骨上的。因此,卜辞中的文字是与祖神沟通的语言工具,还是在宫廷中立此存照以为后据的历史与公文档案,仍是纠缠不清的问题。[3]

巫觋以歌舞饮宴为手段而沟通人神,是研究古代文艺者的常识,在《楚辞》中有非常丰富的资料。《楚辞章句》说得很清楚:"昔楚南郢之邑,沅湘之间,其俗信鬼而好祀,其祀必使巫觋作乐歌舞以娱神。蛮荆陋俗,词既鄙俚,而其阴阳人鬼之间又或不能无亵慢淫荒之杂。"举《九歌》中的《东君》为例:

> 暾将出兮东方,
> 照吾槛兮扶桑,
> 抚余马兮安驱,
> 夜皎皎兮既明。
> 驾龙辀兮乘雷,
> 载云旗兮委蛇,
> 长太息兮将上,
> 心低徊兮顾怀,
> 羌声色兮娱人,

---

〔1〕 董作宾:《甲骨学六十年》,101—102 页,台北艺文印书馆,1965 年。
〔2〕 陕西周原考古队:《陕西岐山凤雏村发现周初甲骨文》,《文物》1979 年 10 期,38—43 页。
〔3〕 王宇信:《建国以来甲骨文研究》,62—65 页,中国社会科学出版社,1981 年。

观者憺兮忘归。
絚瑟兮交鼓，
箫钟兮瑶簴，
鸣篪兮吹竽，
思灵保兮贤姱，
翾飞兮翠曾，
展诗兮会舞，
应律兮合节，
灵之来兮蔽日。
青云衣兮白霓裳，
举长矢兮射天狼，
操余弧兮反沦降，
援北斗兮酌桂浆，
撰余辔兮高驰翔，
杳冥冥兮以东行。

这首诗生动地描写了一套迎送日神的仪式，其主要的成分便是使用各种乐器齐奏的音乐与穿着色彩缤纷的衣裳所跳的舞蹈[1]。诗中所描写的歌舞仪式用具，如龙辀、云旗、瑟、鼓、钟、簴、篪、竽、翠、云衣、霓裳等等，都是当时的艺术品，如果在考古遗址里有遗留着的痕迹的话，便正是当时巫术的具体的写照。又在《楚辞》的《招魂》和《大招》里，描写巫觋作法沟通生死，使用各种饮食为招魂的工具，而古代饮食的礼器更是商周艺术的核心。1978年发掘的湖北随县擂鼓墩一号墓，是战国初年曾侯乙的墓葬，其时代与所代表的文化都与《楚辞》相距不远。墓中出

---

[1] 王克芬编著：《中国古代舞蹈史话》，17—18 页，人民音乐出版社，1980 年。

土的文物，"包括青铜礼器、乐器，兵器，车马器，金、玉器，漆、木、竹器和竹简等类共七千余件。……青铜礼器和用器共一百四十余件，从祭祀饮宴用的礼器，摆设用的装饰品到各种日常生活用具应有尽有，……特别引人注目的是乐器。出土的笙、排箫、竹笛、瑟、琴、编钟、编磬、鼓等，共八种一百二十四件，管乐、弦乐、敲击乐器俱全"[1]。把《九歌》中巫觋通神仪式中所用的各种艺术品逐件地在曾侯乙墓里寻索，似乎是可以对出不少种类来！曾侯乙生前死后是都可以用得上这些艺术品的，因为不论生前还是死后与祖神沟通都是当时人们的急务。

至于借助酒精力量达到昏迷状态以与神界交往，则只是一项猜测。近代原始民族的萨满有时借助各种迷魂药物达到通神的精神状态，是众所熟知的。中国古代的巫觋是否借助于药物，是个值得深入研究的问题。但商周青铜彝器之中酒器的数量与种类之多，是从这个角度上看值得注意的事实。在《尚书·酒诰》中，虽然周公以商人嗜酒为戒，却一再地说明，"你们要喝酒，只能在祭祀时喝"："越庶国饮，惟祀。""尔尚克羞馈祀，尔乃自介用逸。""惟姑教之，有斯明享。"换言之，祭祀时不但可以喝酒，而且应该喝酒；这是与彝器之中酒器之多相符的。但祭祀时什么人喝酒？古代的祭祀是庙堂大事，不像今日作拜拜时大家一起喝醉这样。看来祭祀时喝酒的人是巫觋，喝酒的目的之一很可能便是把巫觋的精神状态提高，便于沟通神界[2]。

用这一类的看法来看商周的艺术，我们很自然地强调了古代艺术实用的一面，亦即作为巫觋通天的工具这一面。这里不妨举

---

[1] 湖北省博物馆编：《随县曾侯乙墓》，1—2 页，文物出版社，1980 年。
[2] 周策纵：《中国古代的巫医与祭祀、历史、乐舞及诗的关系》（《清华学报》新十二卷，第一、二期合刊，1979 年，1—60 页）提到药酒，强调了古代酒在医疗上的作用。

古代艺术史最为人所熟知的两件艺术品作个例子。传在湖南宁乡出土的商代的一对"乳虎食人卣",有一件在巴黎(图九)。从巫觋通天工具这个观点来看,这件器物的好几个特点都有典型的特征。它的动物形制与纹样,表现着作为巫觋助手的动物形态;它与人形的亲密关系,和太平洋区原始艺术与古代艺术常见的"同一个体的另一半"(alter ego)的母题相符合,很可能说明动物身上的人像正是巫师的形象。这件卣又是件祭祀时盛酒的器物,可以说是巫觋通天的法器。这种种的特征,固然不能说是这件艺术品的全部特征,也不能把它的存在作完全的说明,但指明这些特征显然是有助于我们理解这件器物本身意义的前提条件[1]。

1973年,在长沙子弹库楚墓清理出来一幅"人物驭龙帛画"(图一〇)。"画的正中为一有胡须的男子,侧身直立,手执缰绳,驾驭着一条巨龙。龙头高昂,龙尾翘起,龙身平伏,略呈舟形。在龙尾上部站着一鹤,圆目长喙,昂首仰天。人头上方为舆盖,三条飘带随风拂动,画幅左下角为一鲤鱼"[2]。发掘者对此画的解释是说这上的人物"乘龙升天":"在中国古代传说中,人神都可以乘龙到天上去或者遨游太空。……画作舟形,似是在冲风扬波……古代传说中的神山多在海中,因此求仙登天必须经过沧海。"[3]这个看法是正确的。《楚辞》中提到驾龙神游之处比比皆是。《九歌·云中君》:"龙驾兮帝服,聊翱游兮周章。"《湘君》:"驾飞龙兮北征,邅吾道兮洞庭。"《大司命》:"乘龙兮辚

---

[1] 原图采自 V. Elisseeff, *Bronzes archaiques Chinois au Museum Cernuschi*, I, Paris: L'Asiatique, 1977, pp. 120–131, 关于这一类人兽同现其上的青铜器的分析,见《考古与文物》1981年2期, 53—68页。

[2] 《长沙楚墓帛画》说明,文物出版社,1973年(同见《文物》1973年7期,3—4页)。

[3] 同上注。

图九　乳虎食人卣

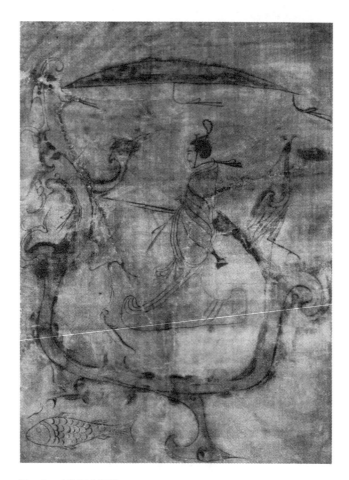

图一〇 人物驭龙帛画

辚，高驰兮冲天。"《东君》："驾龙舟兮乘雷，载云旗兮委蛇。"《河伯》："乘水车兮荷盖，驾两龙兮骖螭。"《离骚》："屯余车其千乘兮，齐玉轪而并驰；驾八龙之蜿蜿兮，载云旗之委蛇。"这一类的例子，还可举得很多，上面数条可见一斑。至于帛画中驾龙的人物是何样的人物，则依报告者"引魂升天"的说法，当是墓主的写真。出帛画的墓正是1942年出土楚缯书的同一墓；缯书的内容与巫觋的关系已有相当详尽的研究[1]，子弹库的墓主有可能是楚的一个巫师，缯书是他的职业手册，帛画是他的沟通天地工作的造型。这一类的艺术造像，可举的显著例子还有长沙陈家大山出土的人物龙凤帛画[2]，战国时代一个铜壶上刻铸的驱龙图像[3]，以及洛阳西郊一号战国墓出土的两件"伏兽玉人"[4]。这些艺术品所造型的人都是巫师，兽都是助巫通天的工具，人兽的关系正是巫师作法通天的行动。

上面这几个例子很清楚地说明了商周艺术与巫术的密切联系，而艺术的政治性也正须在巫术与政治的关系上寻求理解。事实上，古代巫术与政治的关系不是一个新鲜陌生的问题；一旦艺术与巫术的关系具体点明，下面的讨论便比较简单直捷。上文已经引述了古代"绝地天通"的神话；关于天地分离了以后，巫觋在政治上的重要作用，在第一讲中所引述的杨向奎先生的一段话已经点明了，即通天的巫术，成为统治者的专利，也就是统治者施行统治的工具。"天"是智识的源泉，因此通天的人是先知先

---

[1] 如林巳奈夫：《长沙出土楚帛书の十二神の由来》，《东方学报》，京都第四十二册，1971年。
[2] 熊传新：《对照新旧摹本谈楚国人物龙凤帛画》，《江汉论坛》1981年1期，90—94页。
[3] 梅原末治：《战国式铜器の研究》，京都大学人文科学研究所，1936年。
[4] 《洛阳西郊一号战国墓发掘记》，《考古》1959年12期，653—657页。

觉的，拥有统治人间的智慧与权力。《墨子·耕柱》："巫马子谓子墨子曰：鬼神孰与圣人明智？子墨子曰：鬼神之明智于圣人犹聪耳明目之与聋瞽也。"因此，虽人圣而为王者，亦不得不受鬼神指导行事。从商代的卜辞看来，商王行动之先，常须举行占卜请示祖先，或至少要藉祖先意旨为行动之口实。董作宾所列卜事，"据粗略的观察，可暂分为下列的二十种：卜祭祀、卜征伐、卜田狩、卜游观、卜享、卜行止、卜旬、卜夕、卜告、卜句、卜求年、卜受年、卜日月食、卜有子、卜娩、卜梦、卜疾病、卜死亡、卜求雨、卜求启。"[1]是凡国家王室大事，包括生老病死，事事要听祖先的指示。这从一方面来说，表现了"鬼神之明智于圣人"。可是从另外一方面来说，占有通达祖神意旨手段的便有统治的资格。统治阶级也可以叫做通天阶级，包括有通天本事的巫觋与拥有巫觋亦即拥有通天手段的王帝。事实上，王本身即常是巫。李玄伯云："君及官吏皆出自巫"[2]。陈梦家讨论商代巫术，亦云"由巫而史，而为王者的行政官吏；王者自己虽为政治领袖，同时仍为群巫之长。"[3]

从这个观点再回头来看古代艺术，我们便可以很明了地看出，不但"政治、宗教、艺术是结合在一起的"，而且作为通天工具之一的艺术实在是通天阶级的一个必要的政治手段，它在政治权力之获得与巩固上所起的作用，是可以与战车、戈戟、刑法等等统治工具相比的。古代艺术在政治上的重要性，可以从九鼎传说上看得最清楚。古代王朝之占有九鼎，便是通天手段独占的象征。

关于九鼎的神话很多，举时代较早的两条作例子如次。首先

---

[1] 董作宾：《甲骨学六十年》，115—116 页。
[2] 李宗侗：《中国古代社会史》，118 页，台北华冈出版公司，1954 年。
[3] 陈梦家：《商代的神话与巫术》，《燕京学报》第二十期，1936 年，535 页。

是《左传·宣公三年》的一段故事：

> 楚子伐陆浑之戎，遂至于雒，观兵于周疆。定王使王孙满劳楚子，楚子问鼎之大小轻重焉。对曰：在德不在鼎。昔夏之方有德也，远方图物，贡金九牧，铸鼎象物，百物而为之备，使民知神奸。故民入川泽山林，不逢不若，螭魅罔两，莫能逢之，用能协于上下，以承天休。桀有昏德，鼎迁于商，载祀六百。商纣暴虐，鼎迁于周。德之休明，虽小重也，其奸回昏乱，虽大轻也。天祚明德，有所底止。成王定鼎于郏鄏，卜世三十，卜年七百，天所命也。周德虽衰，天命未改，鼎之轻重，未可问也！

另外一段重要的传说，见于《墨子·耕柱》：

> 昔者夏后开，使蜚廉折金于山川而陶铸之于昆吾，是使翁难雉乙卜于白若之龟，曰：鼎成三足而方，不炊而自烹，不举而自臧，不迁而自行，以祭于昆吾之虚，上乡。乙又言兆之由，曰飨矣，逢逢白云，一南一北一西一东。九鼎既成，迁于三国。夏后氏失之，殷人受之，殷人失之，周人受之。

这两段文字是熟知的，所说的九鼎故事也是中国历史上屡经传述的。但从这篇短文所采取的观点来加以分析，我们更可以看出这些文字在中国古代美术史研究上的关键意义，因为它把"政治、宗教与艺术"在中国古代结合起来的具体方式很清楚地点明了。

其一，《左传·宣公三年》讲"远方图物，贡金九牧，铸鼎象物,……用能协于上下,以承天休。"这几句话是直接讲青铜彝器上面的动物形的花纹的。各方的方国人民将各地特殊的"物"画成图像,然后铸在鼎上,正是说各地特殊的通天动物,都供王朝使用,以"协于上下,以承天休"。换言之,王帝不但掌握各地方国的自然资源,而且掌握各地方国的通天工具,就好像掌握着最多最有力的兵器一样,是掌有大势大力的象征。

其二,《左传》里的"贡金九牧"与《墨子》里的"折金于山川",正是讲到对各地自然资源里面的铜矿锡矿的掌握。"铸鼎象物"是通天工具的制作,那么对铸鼎的原料即铜矿锡矿的掌握也便是从根本上对通天工具的掌握。所以九鼎不但是通天权力的象征,而且是制作通天工具的原料与技术独占的象征。

其三,九鼎的传说,自夏朝开始,亦即自中国历史上第一个王朝开始,也是十分恰当的。王权的政治权力来自对九鼎的象征性的独占,也就是来自对中国古代艺术的独占。所以,改朝换代之际,不但有政治权力的转移,而且有中国古代艺术品精华的转移。《逸周书》讲武王伐纣之后,不但"乃命南宫百达史佚迁九鼎三巫"(《克殷解》),而且得旧宝"玉万四千、佩玉亿有八万"(《世俘解》)。《左传》记周公封伯禽于鲁,分"以大路大旂、夏后氏之璜、封父之繁弱"等等,不一而足。九鼎只不过是古代艺术的尖端而已[1]。

二 夏商周三代都制与三代文化异同[2]

夏商周三代的都城都屡有迁徙,这是古史上的定论。我在这

---

〔1〕 参见唐兰:《关于"夏鼎"》,《文史》第七辑,1979 年,1—8 页。
〔2〕 本节原载《中央研究院历史语言研究所集刊》,第五十五本(1984 年),51—71 页。在这里略加删改。

篇文章里拟指出三代都城迁徙上的一个规律性，并试求其解释。这个规律性，不妨开门见山地先列举如下：三代国号皆本于地名。三代虽都在立国前后屡次迁都，其最早的都城却一直保持着祭仪上的崇高地位。如果把那最早的都城比喻做恒星太阳，则后来迁徙往来的都城便好像是行星或卫星那样围绕着恒星运行。再换个说法，三代各代都有一个永恒不变的"圣都"，也各有若干迁徙行走的"俗都"。圣都是先祖宗庙的永恒基地，而俗都虽也是举行日常祭仪之所在，却主要是王的政治、经济、军队的领导中心。圣都不变，缘故容易推断，而俗都屡变，则以追寻青铜矿源为主要的因素。三代的这一个政制特征，是中国古代社会最主要的若干政治、经济特征的一个尖锐表现；后文再就这些政经特征略加说明。

对三代都制这个比较新颖的看法的说明，要自商代的都制说起。因为圣俗分都，俗都围着圣都团团转的这种都制，是在甲骨文的研究中首先提出来的。殷商史上迁都之"前八后五"是古史上熟知的，但这十三个都城在何处，则学者的意见并不一致。《尚书序》云："自契至成汤八迁"，孔颖达《正义》考得其四，曰"商颂云，帝立子生商，是契居商也。世本云，昭明居砥石，左传称相土居商丘，及汤居亳。事见经传者有此四迁，未详闻也。"王国维《说契至于成汤八迁》，复考究古籍，将八迁勉强凑齐，未尽可靠。至于成汤居亳以后的五迁，学者多从《竹书》所志，列举仲丁所迁之嚣、河亶甲所迁之相、祖乙所迁之耿或邢（竹书作庇）、南庚所迁之奄，以及盘庚所迁之殷，为殷商灭夏以后都城所在。依照历代学者的考证，这些都城的地望，都在黄淮大平原之上及其边缘地带，自山东西部到河北南部及河南北部、中部与东部（图一一）。其中较重要者的现代位置如下：

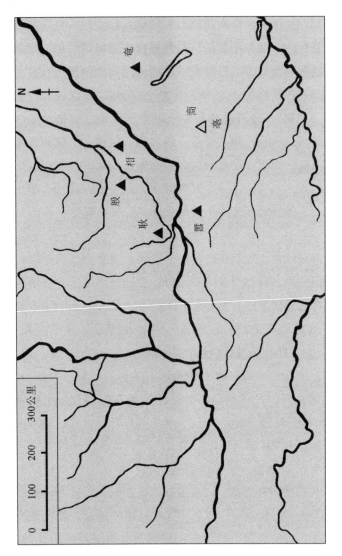

图一一 商代都城的位置

商：河南商丘[1]

砥石：河北隆平、宁晋县间[2]

亳：安徽亳县附近[3]，或说河南商丘之北山东曹县之南[4]

嚣：河南郑州附近

相：河南内黄附近

耿：河南武陟县之南

奄：山东曲阜一带

殷：河南安阳西北

这些历史上传说的都城及其所在，可靠程度不一。商丘为宋的都城，周公封微子开于此以续商祀，看来说这是商人的老巢，是很可信的。可是商丘一带是有名的黄泛区，有史以来在这里堆积下来了七八米的淤泥淤土，考古调查发掘工作都很困难，所以商代早期的遗物在商丘还没有真正发现过，只在天津博物馆藏品里有一个与郑州出土的相似的铜爵，据说原来出土于商丘地区[5]。自1950年以来，在郑州市发掘出来的殷商中期的商城，有人说是仲丁所居之嚣[6]，也有人说便是汤都亳[7]，但因文字材料缺乏，尚难定案。最后一个都城所在之殷，其遗墟在《史记》上至少提过两次，但确实的遗址要

---

[1] 王国维：《说商》，《观堂集林》卷十二，中华书局，1959年，516页。
[2] 丁山：《由三代都邑论其民族文化》，《中央研究院历史语言研究所集刊》5，1935年，97—98页。
[3] 董作宾：《卜辞中的亳与商》，《大陆杂志》六，1953年，8—12页。
[4] 唐兰：《从河南郑州出土的商代前期青铜器谈起》，《文物》1973年7期，7页。
[5] 《天津市新收集的商周青铜器》，《文物》1964年9期，33页。
[6] 安金槐：《试论郑州商代城址——隞都》，《文物》1961年4、5期，73—80页。
[7] 邹衡：《郑州商城即汤都亳说》，《文物》1978年2期，69—71页。

到19、20世纪之交才为学者所发现。自1928年以来，安阳的殷墟经历了长期的科学的发掘，出土了许多甲骨文字资料，证明这个考古遗址确是殷都，为殷王所居，最迟可以上溯到武丁时代[1]。

商王何以屡次迁都？这个问题且留待下面详谈。在这里我们要先提出另外一个问题，即亘殷商一代王都屡徙的过程中，商这个最早的都城还维持着什么样的地位？从微子封在商以续殷祀这一点来看，说商人先祖宗庙一直在商丘奉祀的说法是有道理的。董作宾根据甲骨文中帝辛十年到十一年征人方途中记下来的卜辞，判定了商与亳这两个重要的城市的位置以后，提出来这样一个说法：

> 商者，实即……大邑商，……亦即今之商邱，盖其地为殷人之古都，先王之宗庙在焉，故于正人方之始，先至于商而行告庙之礼也。[2]
>
> 殷人以其故都大邑商所在地为中央，称中商，由是而区分四土，曰东土、南土、西土、北土。[3]

这个说法，包含好几个重要的成分。如果大邑商是中商（无论这些个名称究竟如何，至少在概念上是如此），是分为四土的商人世界的中心，那么它便是固定不变的，是商人的恒变的宇宙的不变的核心，在这里有先王的宗庙。当王都迁去安阳以后，王举行

---

[1] 宫崎市定对安阳殷墟之为殷都持不同的意见，见：《中国上代の都市国家とその墓地——商邑は何处にあったか》，《东洋史研究》28（1970），265—282页，及《补遗》，《东洋史研究》29（1970），147—152页。

[2] 《殷历谱》下（四川李庄，中央研究院历史语言研究所，1945），卷五，23页。

[3] 《殷历谱》下，卷九，62页。

大事如征人方，要行告庙之礼，要不远千里而来，在大邑商的宗庙中举行祭告（这里说"不远千里而来"，自然是夸张的说法。从安阳到商丘的空间距离不过二百二十公里。照董作宾所复原的帝辛征人方的日谱，王在九月甲午举行占卜贞问征人方事，当不久后即行出发，闰九月癸亥到雇，古顾国，今山东范县东南十五里。十月初再行，三十余日后，十一月辛丑到商。沿途勾留，自殷到商一共走了两个月左右）。如果果然如此，那么商王的都制便是如上所说的：圣俗分离，圣都为核心，俗都围绕圣都，如行星围绕恒星。先王宗庙，甚至建立朝代之圣物仪仗之类，以及为立国之象征的若干重器，可能都放在圣都商丘，亘殷商一代不变。

　　董作宾这个殷商都制的说法，虽然有很大的吸引力，却嫌证据不足，还需要进一步的研究。陈梦家也置商于商丘，却不同意董氏"将商、大邑商、中商三者又混同了起来"[1]。他自己的主张是：

　　　　天邑商，……疑即古朝歌之商邑……大邑商疑在沁阳田猎区，凡正多方多由此出师，出师之前告庙于大邑商。[2]

天邑商的资料很少，其地望不能据之而定。关于大邑商之位于沁阳，陈氏举三例以证之：

　　　　a. ……正盂方白炎，重衣翌日步……告于兹大邑商（甲2416）

---

[1]《殷墟卜辞综述》，255页，科学出版社，1956年。
[2] 同上书，257页。

第六讲　三代社会的几点特征　111

b. 丁未卜，王才𢽻贞：王今其入大邑商（别二、岩间）

c. 甲午卜、王贞：乍余彡，朕禾酉，余步从侯喜正人方……告于大邑商……才九月……隹十祀（卜通592）

由 a 辞知正人方告于大邑商而步自衣；由 b 辞则知𢽻为入大邑商之近邑，而其地正是与田猎区之衣相邻，故岩间大龟又卜田猎于宫于曹之辞，此二地亦在沁阳田区内；c 骨卜又有祭祀于"西宗"之称，则大邑商有宗庙而称之为西，对商丘之商而言沁阳在西[1]。

但是仔细看来，这三条卜辞并不足以为大邑商在沁阳的证明。a 辞依屈万里的诠释，意谓"维翌日往于衣"，而非自衣翌日步至大邑商[2]。卜辞中的"𢽻"，岛邦男[3]与钟柏生[4]都置入商淮之间，即商丘以南，淮河以北，与所谓沁阳田猎区还有一段距离。c 辞的证据显然更不充分。

关于商、丘商、大邑商、天邑商等名称的问题，卜辞学者之间意见颇不一致。李学勤说天邑商即商之王畿，而商人告庙在朝歌[5]。岛邦男基本上支持董作宾说，把商这一系列地名都放到商丘去[6]。钟柏生检讨各说所得结论是：商、丘商、大邑商、天邑商皆指商丘，而中商则指殷都[7]。丁骕在卜辞中找到支持大邑商在商丘之说的资料，但又认为大邑商也可以指殷都；他的

---

[1]《殷墟卜辞综述》，257 页。
[2]《殷墟文字甲编考释》，304 页，台北：中央研究院历史语言研究所，1961 年。
[3] 岛邦男：《殷墟卜辞研究》，370—371 页，东京汲古书院，1958 年。
[4] 钟柏生：《卜辞中所见殷王田游地名考》，148 页，1972 年。
[5] 李学勤：《殷代地理简论》，9、14—15、95 页，科学出版社，1956 年。
[6] 岛邦男：《殷墟卜辞研究》。
[7] 钟柏生，前引文，55—56 页。

主要的考虑，大概是这点：

> 想商丘距殷二十多天行程，如果每次征伐先要来此告祭，往返费时，似非行军之道。况且帝辛祭祀祖先，有严密的祀谱。几乎每天都要祭祀，那能到商丘去祭，势必祖先宗庙当在京邑区内才可以。[1]

董作宾云商王在大邑商告庙之说，详情虽未经他说明，却很清楚地表明并非所有的祭祀都要在大邑商举行。在小屯所发现的基址究竟是宗庙还是宫殿，固然不得而知，但小屯与西北冈之使用人牲显与祭祀有关。《逸周书·克殷解》记周人克殷后，"乃命南宫百达史佚迁九鼎三巫"，可见帝辛都城所在便有九鼎。如果大邑商在商丘，"先王之宗庙在焉"，则大邑商有大邑商的庙，殷都有殷都的庙，各有祭祀。全国的庙可能形成有层次上下不同的网，这个网可能与殷王的宗法有关。

上述以圣都为核心以俗都为围绕核心运行的卫星为特征的殷商都制，在近年周原的发掘所强调起来的岐山周都的重要性这个背景之下，使我们想到周人都制与殷商都制的相似。抛开周的先世不谈，自太王迁于岐下初次建立周国以后，一直到西周数百年间，周人的首都也经过了多次的迁徙：

> 周自太王由泾洛之北"三迁"南至岐山之阳，作国周原而营周城（旧址在今麟游县南），其邦族此后始以周为号。其子季历继之，十八年迁治程地而造程都（旧址在

---

[1] 丁骕：《重订帝辛正人方日谱》，《董作宾先生逝世十四周年纪念刊》，23—24页，台北：艺文，1978年。

第六讲 三代社会的几点特征

今武功县北），其为"王季宅程"。季历之子文王四十四年，避饥馑渡渭徙崇，临丰水而居，名曰丰京（旧址在今鄠县境）。文王季世，命世子发筑新城于东北镐池之侧，武王灭商，遂移都之，是曰镐京。成康昭王三世之后，至于穆王，东迁于郑，或曰南郑、或曰西郑。自是而下，虽有懿王十五年西居犬丘（今陕西兴平县东南，汉改名槐里）之举，而沿西周之世，多沿而未革。直至幽王灭国，平王方弃郑而东都洛邑（今洛阳）[1]。

自太王到平王，西周王都共迁五次而有六都（图一二），与殷商建朝之后迁都次数相同。但历代史家对此存疑很多，而"言周史者习称丰镐，忽于周、程、槐里，其于南郑之是否曾为王都，更多有异词，自汉而下，聚讼两千年未决"[2]。

西周历史上都城问题虽存疑甚多，整个西周时期岐山之周在宗教上的重要地位不容置疑，而且其重要性经近年周原发掘而更清楚。自 1976 年以来，在周原的发掘，在岐山的凤雏和扶风的召陈、云塘二村揭露了大片的建筑基址，证实了岐周在聚落史上的显要地位。根据凤雏出土的卜甲文字以及各地出土的陶器，发掘者判断这片遗址的年代，可能自武王灭纣以前一直延续到西周晚期[3]。

据周原考古队的调查发掘，今岐山县京当公社贺家大队，扶风县法门公社庄白大队、黄堆公社云塘大队一带，是

---

[1] 常征：《周都南郑与郑桓封国辨》，《中国历史博物馆馆刊》3，1981 年，15 页。
[2] 同上文，15 页。
[3] 《文物》1979 年 11 期，34 页。

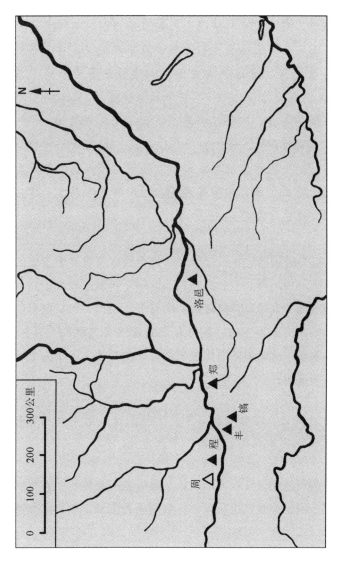

图一二 西周都城的位置

一个面积广大，内涵丰富的西周遗址区。遗址北以岐山为界，东至扶风县黄堆公社的樊村，西至岐山县祝家庄公社的岐阳堡，南至扶风县法门公社康家庄李村，东西宽约三公里，南北长约五公里，总面积十五平方公里。在这个范围内，周代文物遗迹异常密集，凤雏村四周为早周宫室（宗庙）建筑分布区。……在扶风云塘村南至齐镇、齐家还发现西周的制骨、冶铜、制陶作坊及平民居住遗址。……在岐山贺家村四周、礼村北壕和扶风庄白村附近均为西周墓葬区。……同时，在这十五平方公里的范围内，自古以来是出土西周青铜器的重要地点。……两千年来这一带出土西周铜器达千件之多。[1]

在这传世的近千件铜器之外，近年来在这个地区又有许多重要的铜器发掘出土。1976年，在扶风庄白大队一个窖藏里发现了一百〇三件西周时代的铜器，其中有铭文的有七十四件，包括西周前中后三期，是微史家族遗物。其中有史墙盘铭文二百八十四字，内容分前后两段，前段颂扬周代文王到穆王的功德，后半为史墙记述其祖考的事迹：

> 青幽高祖，在微灵处。雩武王既戈殷，微史剌祖迺来见武王，武王则令周公舍寓，于周卑处。[2]

周公将史墙的剌祖在周安顿下来以后，微史这一家族便一直在周居住并服事于周，一直到西周灭亡，岐周沦为废墟，微史家族逃

---

［1］ 陈全方：《早周都城岐邑初探》，《文物》1979年10期，46—47页。
［2］ 采自李学勤释文，见氏著《论史墙盘及其意义》，《考古学报》1978年2期，149—157页。

亡为止。显然亘西周一代，岐周一直是周室宫室宗庙重器仪仗所在。这种制度基本上与殷商的大邑商相似，可是就目前所能看到的资料来看，岐周在周王室的活动上的重要性似乎颇超过大邑商在商王室的活动上的重要性。

由于岐周在新的考古资料中显示了重要性，我们不禁想到在古文字学与古史研究上对"宗周"这个名词的若干讨论。陈梦家对金文中的宗周有比较详细的论述：

> "宗周之称，见于诗书。…据西周金文，宗周与丰、镐不同地，而宗周乃宗庙所在之地。
> 　大庙　同毁、趞鼎记王在宗周之大庙
> 　穆庙　大克鼎记王在宗周之穆庙
> 　周庙　小盂鼎、虢季子白盘、无惠鼎……
> 　郭白毁毁'燎于宗周'（三代、8、50、4）
> 　逸周书世俘篇　武王朝至燎于周　燎于周庙　告于周庙……除上述'燎于宗周'外，西周初期（大约当成、康时）金文中的宗周，其地位是十分重要的……凡此多涉及诸侯朝见周王之事。
> "宗周既非丰镐二邑，又为宗庙所在，于此册命诸侯，疑即徙都丰镐以前的旧都岐周。自清以来，陕西出西周铜器最多之处，是扶风郿、凤翔、宝鸡、武功等处，大盂鼎、大克鼎记'王在宗周'命臣工而皆出土于岐山，可以暗示岐山之周是宗周。……〔是〕宗庙所在，在此朝见。"[1]

如果陈说可行，并不指周王所有的祭祀都要到宗周来举行。

---

[1] 陈梦家：《西周铜器断代（二）》，《考古学报》10，1955 年，139—141 页。

这种情形与商代境内的宗庙使用情形也许是相似的。金文新材料里关于祭祀所在的宫、庙、大室等比较丰富，如能作一次有系统的分析，也许能看出一些眉目来。

上述商周两代都制，虽不尽相同，却在两点上相似。一是最早建国的都城名称即是朝代名称，而且这个都城便成为这个朝代的宗教上的核心；二是政府中心所在屡次迁徙。我们得此结论之后，不免要对三代的头一代即夏的都制发生很大的好奇心。商周都制的这两点特征，是不是夏代都制的特征？用这一观点去看夏代都制的文献资料，我们所得到的初步答案是肯定的。夏人最初的都城是大夏，而夏这个名称亘有夏一代不变。《左传·昭公元年》：

> 子产曰：昔高辛氏有二子，伯曰阏伯，季曰实沈，居于旷林，不相能也，日寻干戈，以相征讨。后帝不臧，迁阏伯于商丘，主辰，商人是因，故辰为商星；迁实沈于大夏，主参，唐人是因，以服事夏商。……及成王灭唐，而封大叔焉，故参为晋星。

是以商丘与大夏为商与唐最早立身之地，而夏因唐地，大夏后日称为夏墟（《左传·定公四年》："分唐叔以大路，密须之鼓、阙巩沽洗，怀姓九宗，职官五品，命以唐诰，而封于夏墟"）。这个夏墟的情况，因文献无征，是不是在夏代时像大邑商或宗周那样也是夏代先祖宗庙所在，我们不得而知，但至少夏代这个名称可说是自它而来的。"大夏故墟约在今山西省西南部地区，亦即夏初禹都故地，故有夏墟之名。"[1]自此之后，夏王亦屡次迁都，依严耕望的综合叙述（见图一三）：

---

[1]《夏代都居与二里头文化》，《大陆杂志》卷六一，1980年第5期，2页。

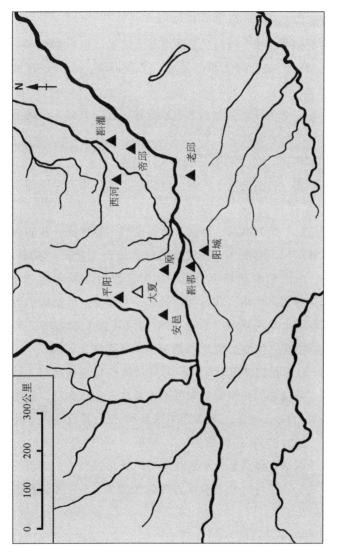

图一三 夏代都城的位置

1. 禹居阳城，在今河南登封东南告成镇。又都平阳，谓平水之阳，在今山西临汾境。一云居晋阳，晋水或云即平水。又都安邑，今山西夏县北。

2. 太康居斟鄩，在今河南巩县西南五十余里，亦近偃师。

3. 相居帝邱，在今河北濮阳县境；又居斟灌，今山东观城县境。

4. 宁居原，今河南济源县西北有故原城。迁于老邱，今河南陈留县北四十里有老邱城。

5. 胤甲居西河，在今河南安阳地区。

6. 桀居斟鄩，自洛汭延于伊汭。洛汭即今巩县境，伊汭即今偃师县境。

如果夏商周三代的都制，都有上面讨论的一些特征，我们应当如何加以解释？丁山在《由三代都邑论其民族文化》一文中，谓帝王都邑，由流动而渐趋于固定，是国家政治发展进化之常则，盖"部落时代之生活，农业方在萌芽，大部分生活基础仍为游牧，游牧者因水草而转徙，部落之领袖因其族类而亦转徙不定；于是政治中心之所在，既无所谓都邑，更无固定可言。"[1] 依此说法，三代都邑之屡徙乃代表当时文化尚在自游牧向农业转化之阶段。这种说法，在原则上固然不无可取，却嫌空泛，尚须在具体的史料中取得确证。邹衡则主张殷商之迁都乃是为了作战之方便："当时选择王都的地点，不能不考虑到作战的方便。……成汤居亳，显然是为了战胜夏王朝及其残余势力。盘庚迁殷，……就是为了对付北方和西方的强大敌人。"[2] 齐思和说

---

[1] 《中央研究院历史语言研究所集刊》5，1935年，87页。傅筑夫（《中国经济史论丛》，三联书店，19—47页）的说法，"即为了农业生产的需要去改换耕地，实行游农"可以说是这种游居说的一个亚型。

[2] 邹衡：《夏商周考古学论文集》，210页，文物出版社，1982年。

周都自西东迁，亦出于与殷商争夺政权的动机："文王之迁丰，不徒便于向东发展，与商争霸，抑丰镐之间川渠纵横，土地肥饶，自古号称膏腴之地。"[1] 邹、齐之说，着眼于政治与经济上之需要，似乎比游牧生活遗俗之说更为合理。古人自述迁都理由的只有《书·盘庚》，记述殷王盘庚在迁殷前后对众人的训词。其中对迁徙的理由并没有很清楚地说明，只是频频地述说这是"自古已然"的一种习俗：

"先王有服，恪谨天命，兹犹不常宁，不常厥邑，于今五邦。

"呜呼，古我前后，罔不惟民之承保，后胥感；鲜以不浮于天时。殷降大虐，先王不怀，厥攸作，视民利用迁……予若吁怀兹新邑，亦惟汝故，以丕从厥志。今予将试以汝迁，安定厥邦。

"失于政，陈于兹，高后丕乃崇降罪疾，曰曷虐朕我！

"古我先王，将多于前功，适于山。用降我凶，德嘉绩于朕邦。今我民用荡析离居，罔有定极。……肆上帝将复我高祖之德，乱越我家。朕及笃敬，恭承民命，用永地于新邑。"

其中的口气显然与游牧生活无关，而指称历史上的若干政治事件，用为迁都的根据[2]。所以用政治的因素来解释三代都城的迁徙，似乎是比较合理的。

用这个眼光来看三代王都的迁徙，我们可以提出一个新的说

---

[1] 齐思和：《西周地理考》，《燕京学报》三十期，1946年，87页。
[2] 参见黎虎：《殷都屡迁原因试探》《北京师范大学学报（社会科学版）》1982年4期，42—55页，对《盘庚》的解释。

法，即王都屡徙的一个重要目的——假如不是主要目的——便是对三代历史上的主要政治资本亦即铜矿与锡矿的追求。要解释这个说法须话说两头：其一是古代华北铜矿锡矿的分布，其二是青铜之所以为三代主要政治资本的原因。

安阳殷墟出土的铜器虽多，其铜锡矿的来源却还没有经过科学的分析。石璋如曾根据古代的地方志与近代矿业地志查出全国一百二十四县有出铜的记录。其中位于中原的，山西有十二处，河南有七处，河北有四处，山东有三处。如以安阳为中心，则在两百公里之内的铜矿，山东有一处（济南）、河南有三处（鲁山、禹县、登封），山西有七处（垣曲、闻喜、夏县、绛县、曲沃、翼城、太原）。

> 据此则殷代铜矿砂之来源，可以不必在长江流域去找，甚至不必过黄河以南，由济源而垣曲，而绛县，而闻喜，在这中条山脉中，铜矿的蕴藏比较丰富。胡厚宣殷代舌方考（甲骨学商史论丛初集）认为舌方即今之陕北。……如果舌可能为矿的话，则挖矿的叫舌，舌方即矿方，即晋南一带。……舌方并非单指某地，是指出铜矿的一带而言。舌方应该贡矿，出矿而不来贡是应当讨伐的，所以卜辞有出不出，来不来的记载，武丁是殷代铸铜最盛的时期，所以要维护铜矿的来源，不惜大动兵力，或三千、或五千，甚至王自亲征。从地域与征伐来观察，讨伐舌方，实际上等于铜矿资源的战争。[1]

虽然这个说法中有若干点是难以令人同意的（如舌方为矿方，在

---

[1] 石璋如：《殷代的铸铜工艺》，《中央研究院历史语言研究所集刊》26，1955年，102—103页。

晋南），但把铜矿与征伐相接连起来看是很有见地的。晋南除了铜矿以外还有华北最为丰富的盐矿，在中国古代的确是一个富有战略性资源的地区。从这个观点来看三代，则三代中第一个朝代夏代之崛起于晋南，第二个朝代商代之自东往西，及第三个朝代周代之自西往东的发展趋势，就都很快地显露出来崭新的意义。图一四将石璋如所找出来的出铜矿（圆点）与出锡矿（菱形）的县份注出，看看它们与三代都城分布的关系。这些出铜锡矿的地点集中在华北大平原边缘的山地，而以豫北、晋南为中心。这些矿产都较稀薄，以三代取铜锡量之大，每个矿产地可能维持赓续出矿的时间相当有限。丁文江在《中国矿业纪要》中云："中国铜矿分布甚广而开采亦最古，然观其历史，铜业之中心，东汉为豫浙……，在唐为晋鄂，在宋为闽赣，在明清为川滇，一地之兴，殆无过三百年者。"[1]我们可以了解在三代期间需矿量甚大而矿源较少，需随时寻求新矿。把三代都城画在图十四上后我们可以很清楚地看出，夏代都城的分布区与铜锡矿的分布区几乎完全吻合。商代都城则沿山东河南山地边缘逡巡迁徙，从采矿的角度来说，也可以说是便于采矿，也便于为采矿而从事的争战。周代的都城则自西向东一线移来，固然可以说是逐鹿中原所需，也可以说是为接近矿源而然，因为陕西境内铜锡矿源都较稀少。

说三代都城之迁徙与追逐矿源有密切关系的另一个着眼点，是青铜器在三代政治斗争上的中心地位。对三代王室而言，青铜器不是宫廷中的奢侈品、点缀品，而是政治权力斗争上的必要手段。没有青铜器，三代的朝廷就打不了天下；没有铜锡矿，三代的朝廷就没有青铜器。三代都城制度的特征不能不从这个角度来加以严谨的考虑。

---

[1] 丁文江：《中国矿业纪要》第一号，1921年，41页。

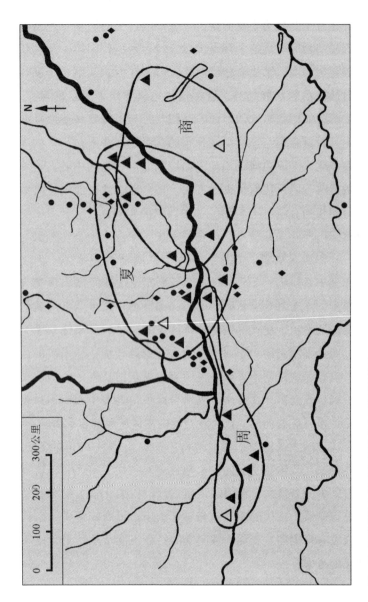

图一四 三代都城分布与铜锡矿分布之间的地理关系

了解古代青铜器的政治意义，我们不妨从商周青铜器上的动物纹样的讨论入手。在上文里面，我们已经从这一角度讨论了古代青铜器。这样看来，中国古代的青铜器是统治者的必要工具，而铜锡矿不免乃是三代各国逐鹿的重要对象。三代都城分布与铜锡矿分布的相似，显然不是偶然的现象，而是有因果关系的。

　　上文所叙述和讨论的都邑制度代表着一种有特征性的古代政府制度，同时在社会进化史上看，是一种中国古代文明与中国青铜时代所特有的现象。如果夏商周三国或说夏商周三代都邑制度都是如此的，那么三代都制对三代文化社会异同问题便有相当重要的意义，所以在本文的结尾，我想特别讨论一下这个问题。

　　关于夏商周三代文化异同的问题，中国古史学者之间有不同的意见。这中间意见之分歧，可以从两个方面来看。其一是纵的，自夏到商、自商到周之间的变化，除了朝代的兴替之外有无重大的制度上的变革。其二是从横的看，三代之间是否来源于不同的文化或民族。这两个方面之间虽然也有相互的关系，但为彼此各自独立的问题。

　　中国历史上一直很有势力的一种看法，是将中国文化特质的很大的一部分归功于周公的创造。此说之集大成者，可以王国维为代表。他在《殷周制度论》里说，"中国政治与文化之变革莫剧于殷周之际。"其变革之中心在周之有德，"殷周之兴亡乃有德与无德之兴亡"。"欲知周公之圣，与周之所以王，必于是乎观之矣。"周人有德之政治基础，其大异于商者：

　　　　一曰立子立嫡之制，由是而生宗法及丧服之制，并由是而有封建子弟之制，君天子臣诸侯之制。二曰庙数之制，同姓不婚之制。此数者，皆周之所以纲纪天下，其旨则在纳上下于道德，而合天子诸侯卿大夫庶民以成一道德之团体。周公制作之本意,实在于此。[1]

且不谈此说具体上的是非,这种传统儒家的看法,是把夏商周的发展史看作一线的,其间殷周之异同乃是"中国政治与文化"之内的变革。另外从横的看三代异同,则涉及分类学上的问题,即对"文化"或"民族"当作什么样的定义,在这个定义之下看三代是同文化同民族还是异文化异民族。如丁山自民族史的立场,说夏后氏是"中原固有之民族",殷人是"东北民族燕亳山戎之类",而周人则是"西北民族戎狄之类"[2]。最近 Pulleyblank 分析中国古代民族语言,主张夏是古汉语族,商与南亚(孟吉蔑)语系关系特别密切,而周之先世是藏缅语族[3]。如果夏商周三代之间的差异是这一类的,那么他们之间的文化应该代表歧异的历史经验与彼此之间基本性的差距,而有很大的不同。例如现代的汉语族有汉人,现在的孟吉蔑语族有柬埔寨人,现代的藏缅语族有缅甸人。这三个民族之间的衣食住行、风俗习惯、制度信仰都有相当显著的差异。夏商周三者之间的差异是这一类的吗?

传世文献中存留下来了一些东周时代及其以后的儒家对三代或四代(三代加上虞)的比较,如《论语·八佾》:

> 哀公问社于宰我,宰我对曰:夏后氏以松,殷人以

---

[1] 《观堂集林》,453—454 页,中华书局版,1959 年。
[2] 丁山《由三代都邑论其民族文化》,《中央研究院历史语言研究所集刊》5,1935 年,89—129 页。
[3] E. G. Pulleyblank, The Chinese and Their Neighbors in Prehistoric and Early Historic Times, in: David Keightley, ed., *The Origins of Chinese Civilization* (The University of California press, 1983), pp. 411 - 466.

柏,周人以栗。

这种分别只能说是大同之下的小异,因为三代都有社祭,都用木表,只是所用木材有异。假如是不同的民族,则可能有的祭社,有的不祭社,或祭社的方式有根本上的不同。又如:《孟子·滕文公》:

> 夏曰校,殷曰序,周曰庠,学则三代共之。

这句话本身便强调了三代之间的类似。此外,《礼记》各章有不少三代或四代文化的比较,如《檀弓》:

> 夏后氏尚黑,大事敛用昏,戎事乘骊,牲用玄。殷人尚白,大事敛用日中,戎事乘翰,牲用白。周人尚赤,大事敛用日出,戎事乘骊,牲用骍。

《祭义》:

> 郊之祭,大报天而主日,配以月。夏后氏祭其闇,殷人祭其阳,周人祭日以朝及闇。

《明堂位》:

> 有虞氏祭首,夏后氏祭心,殷祭肝,周祭肺。夏后氏尚明水,殷尚醴,周尚酒。

这一类的比较还可以列举很多,我们很自然地可下的结论是:

"综观三代文化,固有异同之处,未逾损益相因;寻其本则一脉相承,未尝有变焉。"[1]事实上,《礼记》里面所记三代习俗大不同者亦有,如《檀弓》:

> 有虞氏瓦棺,夏后氏堲周,殷人棺椁,周人置墙翣。

这是说四代葬俗迥异。但自目前所见的考古材料看来,夏(以二里头文化为代表)商周三代的上层人物的埋葬都以棺椁为主。由此看来,《礼记》这一类文献中所记述的三代文化的比较,可靠到何程度,还是有疑问的。

事实上,三代都有考古遗物,从考古遗物上比较三代文化应该说是最为具体的了。在这上面较近有邹衡氏所作比较详尽的研究。邹氏的结论说,夏与商本来是"属于不同的文化体系",而先周文化与晚商也是"属于完全不同的文化"[2]。依邹氏所比较的实例,果然夏商之间与商周之间的确在石陶骨器,在青铜器上有同处也有不同处。同到什么程度便属于同一文化,不同到什么程度便属于不同的文化?这还是下定义的问题。例如邹氏所指出来的夏商文化之间的差异,如:先商文化漳河型的陶器都是平底的,而夏文化二里头类型的陶器多是圆底的;夏文化中的礼器以觚爵盉的结合为特征,而"早商文化"(即郑州商城文化)以觚爵斝的结合为特征。这些区别,都是很重要的,但是这一类的区别能不能证明三代的民族是不同的"民族"呢?从考古学上当如何辨别"民族"的不同?很显然的,从大处看与从小处看,所得的结果是不一样的。

---

[1] 严一萍:《夏商周文化异同考》,《大陆杂志特刊》一,1952年,394页。
[2] 邹衡:《夏商周考古学论文集》,141、331页,文物出版社,1982年。

从大处看，夏商周三代文化在物质上的表现，其基本特点是一致的。

1. 三代考古遗物所显示的衣食住一类的基本生活方式都是一样的。三者都以农耕为主要生业，以粟黍为主要作物，以猪狗牛羊为家畜；衣料所知的有麻、丝；在建筑上都是茅茨土阶，以夯土为城墙与房基。房基的构造都是长方或方形的，背北朝南。

2. 三代贵族都以土葬为主要埋葬方式，尸体的放置以仰身直肢为常，墓坑都是长方形或方形竖穴墓，都有棺椁。这种共同的埋葬方式表现共同的宗教信仰，尤其是对死后世界的信仰。三代也都有骨卜，表现藉占卜沟通生死的习惯。

3. 在器物上看三代文化虽有小异，实属大同。陶器皆以灰色印纹陶为特征，器形以三足和圈足为特征。常见的类型如鼎、鬲、甗等表示相似的烹饪方式。铜器中皆以饮食器为主，表示在祭祀上饮食的重要。酒器中都有觚爵一类成套的器物。

从物质遗迹上看来，三代的文化是相近的；纵然不是同一民族，至少是同一类的民族。再从本文所讨论的都制来看，三代的政府形式与统治力量的来源也是相似的。全世界古代许多地方有青铜时代，但只有中国三代的青铜器在沟通天地上，在支持政治力量上有这种独特的形式。全世界古代文明中，政治、宗教和美术都是分不开的，但只有在中国三代的文明中，这三者的结合是通过了青铜器与动物纹样美术的力量。从这个角度来看，三代都是有独特性的中国古代文明的组成部分，其间的差异，在文化、民族的区分上的重要性是次要的。

 附 录

论"中国文明的起源"*

最近几年以来,"中国文明的起源"——或与此类似的题目——成为中国考古学、古史学界热烈讨论的一个论题。开这个风气之先的是 1985 年在北京出版的夏鼐的《中国文明的起源》的中文版[1]。随着次年《光明日报》对辽宁牛河梁"女神庙"遗址发现的报道与这项发现将中国文明起源时代提早的评论,引起了近五年来中国考古学界、古史学界对什么是"文明"、中国最早的文明在何处起源以及中国文明到底是一元还是多元等等一系列老问题的争议。在"中国文明的起源"这个题目下参加讨论的学者很多,1987 年可举安志敏[2]、陈星灿[3]和邹衡[4]为例,1988 年可举蔡凤书[5]、李先登[6]和郑光[7]为例。1989 年相信在

---

* 本文为张光直先生夫人李卉女士在张光直遗物中发现,写于 1990 年前后,经陈星灿先生整理。
[1] 夏鼐:《中国文明的起源》,北京:文物出版社,1985 年。原日文版,《中国文明の起源》,东京:日本放送出版协会,1984 年。
[2] 安志敏:《试论文明的起源》,《考古》1987 年第 5 期。
[3] 陈星灿:《文明诸因素的起源与文明时代》,《考古》1987 年第 5 期。
[4] 邹衡:《中国文明的诞生》,《文物》1987 年第 12 期。
[5] 蔡凤书:《中华文明起源"新说"驳议》,《文史哲》1988 年第 4 期。
[6] 李先登:《关于中国古代文明起源的若干问题》,《天津师大学报》1988 年第 2 期。
[7] 郑光:《中国新石器时代与中国古代文明》,《华夏考古》1988 年第 2 期。

这个题目上的讨论还是接连不断的;《考古》第1期便有童恩正《与安志敏先生商榷》一文[1],安志敏回答的文章已准备近期刊出。

我说这是老问题,因为虽然最近有热烈的讨论,"中国文明的起源"却并不是一个新的题目。在西方思想传入中国以前,中国文明的起源有开天辟地、三皇五帝这一套体系充分说明,是不成为一个学术上的论题的。但是西方学者很早以前便把中国文明起源当作一个值得讨论的题目。近代西方学者最早讨论这个问题的是英国伦敦大学的拉古别里(Terrien de Lacouperrie),他在1885年的一篇文章里主张中国民族的始祖黄帝是从巴比伦迁来的[2]。这类中国民族和它的文明西来说自拉氏之后继续主张者不乏其人[3]。到1920年代安特生在河南和甘肃发现史前时期的彩陶以后,安氏更指出中国史前彩陶与中亚、东欧史前彩陶之间的类似[4],于是中国文明西来说更自考古资料获得支持。但是不久之后,中国考古学者在山东龙山城子崖和河南安阳殷墟的考古发掘,产生了中国本土文化史前时代的遗物。这时若再说中国史前时代都是一片空白,连人和文化都是自西方输入的,便很难成立了。所以30年代到40年代的外国学者多采折中的说法,即中国本土有人长期居住,但远在史前时代就受了西方文明的影响,而产生文化的进展。这种说法可以举两个例子。一个是日本

---

[1] 童恩正:《有关文明起源的几个问题》,《考古》1989年第1期。
[2] "Introduction" to *Ethnic History of the Shans*, by A. R. Colquhoun. First published 1885, reprinted 1985, Delhi: Manas, pp. xxi - iv. 此说后详述于氏著 *Western Origin of the Early Chinese Civilization*. 蒋智由《中国人种考》,上海广智书局,1906年,将氏说详细摘述。
[3] 见林惠祥《中国民族史》,上海:商务印书馆,1936年,上册,50—57页。
[4] J. G. Andersson, "An early Chinese culture", *Bull. Geol. Soc. of China* 5 (1923). No. 1. pp. 1 - 68.

的滨田耕作，在他 1930 年出版的名著《东亚文明の黎明》[1]一书中，介绍了安特生根据彩陶而主张的西来说以后，作了如次的观察：

> 那么彩画陶器，或此时的中国文化，何由而发生？换言之，这种陶器或文化，是随从具有这种陶器、文化的人种从西方进来的呢？或者是仅仅其文化技术，受了西方的影响呢？这是当然要发生的问题。关于这个问题，发现者安特生氏早就立说，谓这大约是具有和生产彩画陶器的西方各地一样文化的原中国人（Proto-Chinese），当新石器时代从土耳其斯坦方面移动到中国西疆，入了甘肃而终于深入河南及其他各地，留下了那些陶器的。同是瑞典人语言学者高本汉，则谓中国人在产生这种彩画陶器文化以前，早已居住中土，制造了鬲式三代陶器；至于彩陶文化和它的民族，是后来从西方流入的。……我将安特生和高本汉两说比较，反而觉得高本汉说较善。依我的意思，中国人至少在新石器时代，已经住在中土，及其末期，乃有彩画陶器的文化，随同新人种侵进来。[2]

滨田氏进一步相信殷墟时代在中国发达极盛的青铜文化，也是由西方输入的。

> 铜或青铜的使用……至少在旧大陆，是发生于西方亚

---

[1] 东京刀江书院，1930 年。
[2] 译文根据张我军译《东亚文明之黎明》，《辅仁学志》，1930 年，2 号，34—35 页。

细亚的一个中心,传播到各地的。……关于铜和青铜的知识,就说是从西方传到中国,也是大可以有的事。[1]

换言之,中国文明史上在当时的考古学上最显要的两个元素,即彩陶与青铜,都是从西方传来的,而我们可以由此来解释中国文明的起源。

第二位持这类见解的外国学者的例子是美国的毕士博。他在1939年发表的《东亚文明的开始》[2]一文中,叙述了中国新石器时代的彩陶与黑陶文化以及文明时代的殷周。但在他检讨了中国文明的各项特质以后,发现它们都是外来的:彩陶、青铜器、大麦、战车、文字、牛、羊、马、鸡、水牛、小米、大米、高粱等等,他说不是来自近东便是来自印度。他的结论:

> 文明最早出现于近东,在那里若干动物被驯养,若干作物被栽培;也是在那里各种基本的发明被创造,城市生活产生。这些成就需要很长的时间,可能好几千年。在东亚我们发现当时情形纯然不同。上述文化特质中有许多在这里也有出现,但它们都出现得晚得多,并且表现一个比较进步的发展阶段,没有任何证据能说明它们是在这里独立发生的,而在若干例子中我们可以找到它们自西方起源的确凿证据……因此,后来在东亚建立起来的文明,其起源与基本类型必须归因于从古代近东来的文化传播所致的刺激。[3]

---

[1] 译文根据张我军译《东亚文明之黎明》,《辅仁学志》,1930年,2号,39页。
[2] "Beginnings of civilization in Eastern Asia". 原载 *Annual Report of the Smithsonian Institution* 1939. 重印于 *Antiquity* xiv (1940), 301—316页。
[3] 同上书,315—316页。

到50年代以前对中国文明起源的讨论大致便停留在这种水平上：中国文明包含哪些元素，这些元素是土生土长的还是从外面来的，由对这些问题的答案而在"中国文明的起源"这个问题上下个断语。有人（如毕士博）说中国文明重要的因素都是外来的，反过来有的学者便争论中国文明若干成分实际上是本地起源的。李济在一篇讨论中国上古史的文章中，批评毕士博的说法，指出中国古代文明中至少有三件物事是确确凿凿土生土长的，即骨卜、蚕丝与殷代的装饰艺术。"这三件，外国人讨论东方文化时，只管可以不提，却不能不承认是远东独立发展的东西。"[1]这种土著与外来成分的拉锯战，一直持续到70年代。主张土著成分占优势，因而中国文明基本上是土生土长的，甚至是东方文明的摇篮，到了何炳棣《东方之摇篮》一书，达到了高潮[2]。

到了50年代以后，随着全国考古工作的进展与大量史前与历史时代早期遗物的出土，"中国文明的起源"这个论题也就逐渐趋于复杂化。在过去资料稀少的时候，我们可以把全中国当作一个单位来讨论，把不同时期的文化排列起来，就可以展示中国文化发展的过程。在全国各地出土物增多，而且利用碳素十四方法断代把全国各地文化发展历史初步了解以后，我们发现中国古代考古文化是不止一个系统的，于是在70年代初期以来，中国考古学上便开始了对所谓"区系类型"这个概念的探索。在1981年第5期的《文物》上，苏秉琦和殷玮璋建议把全国考古学文化进行区、系、类型的详细划分，并且指出中国古代文化至少可以分为六个不同的区域来讨论：（1）陕豫晋邻境地区；（2）山东及

---

[1] 李济：《中国上古史之重建工作及其问题》，《民主评论》五卷四期，1954年，89页。
[2] Ping-ti Ho, *The Cradle of the East*. The Chinese University of Hong Kong and the University of Chicago Press, 1975.

邻省一部分地区；（3）湖北和邻近地区；（4）长江下游地区；（5）以鄱阳湖、珠江三角洲为中轴的南方地区；（6）以长城地带为重心的北方地区[1]。在中国文明起源这一课题上，这种区、系、类型的划分是有基本上的重要性的，因为"这六个地区都曾起到民族文化大熔炉的作用"，也就是说，"很多地点考古文化面貌上反映的我国民族文化的多样性和文化渊源的连续性"，这也就是说中国文明的起源是多元的而不是一元的[2]。

中国文明起源的多元性，本来不是一个新颖的说法。民族史学者林惠祥在 30 年代讨论中华民族的起源时早就指出"中国文化盖以上古时华夏系之文化为基本要素，此种文化依次与其他文化接触而吸收之，吸收以后经一番错综混合而归于融化。"这些为华夏系所吸收的其他文化，林氏列举有黎苗文化、东夷文化、荆蛮文化、百越文化、山狄文化、氐羌文化等[3]。

发掘和研究殷墟文化的李济也早指出"殷虚文化来源的复杂"：（1）一部分的文化显然受过西方的影响，同时带着浓厚的地方色彩，如文字、一部分的农业及陶业；（2）一部分完全是在中国至少是东亚创始并发展的，如骨卜、龟卜、蚕丝业及一部分的陶业与雕刻的技术；（3）一部分来自南亚，如水牛、稻米及一部分艺术。"殷商文化只是把这些成分调和起来，加了一个强有力的表现。"[4]这个看法在李先生的《中国文明的开始》（1957

---

[1] 苏秉琦、殷玮璋：《关于考古学文化的区系类型问题》，《文物》1981 年第 5 期。

[2] 苏秉琦：《建国以来中国考古学的发展》，《史学史研究》1981 年第 4 期。收入《苏秉琦考古论述选集》，北京：文物出版社，1984 年。

[3] 林惠祥：《中国文化之起源及发达》，《东方杂志》34 卷 7 号，1937 年，177—194 页。

[4] 李济：《殷虚铜器五种及其相关之问题》，中央研究院历史语言研究所集刊外编第一种，《庆祝蔡元培先生六十五岁论文集》上，1933 年，104 页。

年）一书中又再一次被强调："商代的文化是一个非常复杂的现象，它代表许多文化源流的融合。"[1]这种多元的说法，如今可以说是为中国史前文化区系类型的分析结果得到考古材料的支持了，但是新的材料又引起了新的论题，或可以说是使旧的论题复杂化了。根据上引安志敏、邹衡、蔡凤书、李先登等最近的看法，要说中国文明的"起源"，就一定要找到符合文明条件的最早的考古文化，亦即二里头或夏商周三代的中原文化，因此中国文明起源问题，在这些位学者看来，与新石器时代文化的区系类型的分析是两码子事。

中国文明起源这个课题是研究中国文明史、中国考古学的一个基本问题，但对这个问题的了解是一定会随着中国考古材料的增加与研究而有日进的。现在考古材料已积累到一种程度，使得这个问题分析起来头绪相当纷繁。下面将这些头绪初步梳理一下，试求指出讨论这个问题所需考虑的一些重要因素。

一 "文明"的定义应自史料内部辨认

讲中国文明的起源，第一步的工作自然是说清楚什么是文明，什么是中国文明，这样我们才能谈到它的起源问题。最近在这个问题上的争论，有一部分是集中在"文明"这两个字的定义上的；例如有人说红山文化有玉器、有女神庙，证明中国文明可以追溯到五千年以前的辽河流域；也有人说红山文化还没有发展到文明阶段，还不具备文明的条件，所以讲中国"文明"的起源

---

[1] 李济：*The Beginnings of Chinese Civilization.* Seattle：University of Washington Press，1957，37 页。

还谈不到红山文化[1]。

给文明下定义至少有两条入手途径。第一条是先决定文明这个概念之下包括什么具体的成分，然后再在中国文化发展史中找寻这些成分在哪一个段落中出现。如果找到，便知道文明在中国是在什么时候、哪一个阶段出现的。这样即使不能解决文明的起源问题，至少可以知道从何处何时来出发从事这个问题的研讨。先决定这个概念所包括的成分，一般是自社会科学通论的著作中去采取的：在中国一般采自所谓经典著作，即公认为真理的著作，如摩尔根的《古代社会》[2]。这本书把人类社会进化史分为三个大段，即野蛮（savagery 又译为蒙昧）、半开化（barbarism，或译为野蛮）和文明（civilization）。每一个阶段都有很精确详细的定义；摩尔根氏对"文明"的定义是："这一时代，如前所述，以声音字母之使用以及文字记录之制作而开始。"自摩尔根以后，把"文明"的定义加以扩充和定规化的企图是很多的。最近讨论中国文明起源的学者也采取这种界说的方式，把"文明"的内容规定清楚，然后到考古资料中去寻找。如邹衡分析"文明"的标志是：文字、铸造和使用青铜器、城市的形成与发展。"从龙山文化到二里头文化已经发生了质变。例如二里头文化中成组宫殿群建筑的出现和都城的形成、青铜器中礼乐兵器的产生、文字的发明等等。这些又都是商周文明所共有的。龙山文化中没有这些因素，说明当时尚未跨入中国古代文明的门槛；二里头文化有了这些因素，说明已同商周文明直接挂钩。这样，我们就在考古材料中找到了中国文明的源头，这就是二里头文化即夏文明。"[3]

---

[1] 上引安志敏文，见131页注[2]。
[2] 杨东莼、张栗原译本，上海：商务印书馆，1935年。
[3] 上引邹衡文，见131页注[4]。

李先登的看法也与这相同，他也"认为中国古代社会进入文明时代的主要标志是文字、青铜礼器与城市"[1]。

另外一个给文明下定义的途径是从个别区域具体史料与具体史实的分期出发。上面所说的先将"文明"的内容列举出来的方式，需要做这样一个假定，就是在每一个区域史里面，如果有文明这个阶段出现，就一定有这些成分的出现。但这个假定从实际上说是不能成立的，就用中国文明的三个必要成分来说吧：文字、青铜器和城市是不是所有的"文明"都有的成分呢？中国有，两河流域有，但中美的古代文明没有青铜器，南美的古代文明没有文字。是不是这样说来中美与南美古代文化史上都没有"文明"这一个阶段呢？取这样的观点便是说，在人类社会文明演进史上，有的地区（尤其是先经过研究的地区）比较重要，它的成分便应当作文明定义的标准。因为如果不是如此，如果用中美、南美的文化史当作文明界说的标准，那么中国与两河流域的发展便不尽合它们的标准，岂不是反过来表明中国与两河流域的文化史中没有文明这一个阶段吗？我相信，我们不妨将每个地区的文化社会发展史个别看待，检讨它的发展过程经过什么样的程序，在这个过程中有几次飞跃性或质变性的变化，然后根据这个历史本身内部所呈现的变化把它分为若干阶段或时期。这里面发展程度较高的一个阶段或时期也许便相当于我们观念中所谓"文明"。但这是要在比较了许多地区的发展分期以后才能决定的。我们分析了全世界许多地区的文化社会史以后，把它们发达程度最高的一段来比较综合。如果它们之间有许多基本上的类似性，也许我们可以达到一个真正有普遍性、有世界性的"文明"的新的定义。

---

[1] 上引李先登文，见131页注[6]。

从这种观点看中国文明起源问题，我们很客观地要采取第二种途径，即先将中国古代文化社会史作一番客观的分析，看看应该分成哪些阶段，再看看到哪一个阶段我们可以谈到"文明"的出现。这样做法所获得的结果也许和走第一条途径所获得的结果是相同的，但这样做法所得到的"文明"阶段是客观产生的，不代表先入为主的成见。

目前中国史前史到古代史这一段连续性的考古史料只有在黄河中游河南、山西、陕西一带比较完整，我们不妨把这一地区的文化社会演进史发展过程的分析做一个例子。这个地区从物质文化（主要是陶器）的变化上看可以排成下面这样一个文化序列[1]：

1. 以裴李岗、老官台等遗址为代表的较早期的新石器时代文化（约7000—5000B.C.）

2. 仰韶文化（约5000—3000B.C.）

3. 龙山文化（约3000—2200B.C.）

4. 二里头文化（约2200—1500B.C.）

5. 殷商二里岗和殷墟期文化（约1500—1100B.C.）

殷商以后西周东周以来的历史时代文化先抛开不提，只就上列五种史前与历史时代初期考古文化来看，它们在文化社会演进史上代表着什么样的发展？如上所说，考古学上文化的序列是根据物质文化所显示的变迁而排列的。固然我们相信文化的变化是全面的，也就是说物质文化上的变化可能是与政治、经济、社会等领域的变化互相联系的，但是我们更要进一步把这些政治、经济、社会上的变化从考古材料里揭发出来。做这种揭发工作，需要较丰富的考古材料与以此为目的的彻底分析研究。中原考古虽已有

---

[1] K. C. Chang, *The Archaeology of Ancient China* (4th edition, 1986).

较长的历史，这段序列中仍有许多缺环。我们且就（1）生产工具，（2）手工业分工，（3）金属技术，（4）财富分配，（5）建筑规模，（6）防御性城墙，（7）战争与制度性的暴力，（8）祭祀法器性的美术品，（9）文字，这九项现象作为标准来看一看它们在中原考古文化序列中的出现情况（表一）：

表一

	较早新石器文化	仰韶文化	龙山文化	二里头文化	殷商文化
1. 生产工具	石、木、骨、蚌制	同左	同左	同左	同左
2. 手工业分工	—	—	陶轮使用	工场遗迹	细分工工场遗迹
3. 金属技术	—	痕迹	坩埚、小件金属器	青铜块铸	青铜冶铸技术高峰
4. 墓葬中显示的财富分配	—	—	陶寺墓地，墓葬分大、中、小	差距加大	明显阶级社会
5. 建筑规模	居室	居室	居室	宫殿	宫殿
6. 防御性城墙	—	—	夯土城墙	?	夯土城墙
7. 战争暴力	—	—	频仍	频仍	频仍
8. 法器性美术	—	—	有	青铜礼器	青铜礼器
9. 文字	甲文?	陶文	陶文、骨文?	陶文	卜辞、金文、典册（?）

上面这张表是很不完全的，有许多处还表现着考古学工作的缺环。其中二里头文化发现较晚，工作也较少，夯土城墙的痕迹还不显著，也没有发现文字。但整个看来，这五段考古学的文化从社会演变史来看很清楚的可以分为三个阶段，代表两次质变的门槛：

1. 从裴李岗、老官台文化到仰韶文化的阶段：一般来看，是自给自足的农村生产阶段，手工业没有专业化，金属工业缺如或小规模，没有显著的战争或经常使用暴力的证据，在财富分配上没有显著的分化或阶级分化，没有真正的文字。

2. 以龙山文化为代表的阶段：由于以聚落形态的研究为目标的大规模考古调查在中原尚未广泛进行，我们对于龙山时代聚落与聚落之间的从属、联合关系了解还不清楚。但中原社会到了龙山时代显然发生了重要的内部变化。夯土城墙的建造与战争和人牲遗迹的发现都指向一个用干戈、有甲兵的新的社会秩序。陶寺的墓地表现了尖锐分化了的阶级，并且表现了上属阶级与礼乐的密切联系。手工业分化的专业中有从事骨卜的与制作祭祀陶器的活动，但至今还没有宫殿建筑、青铜礼器与文字的发现。我相信青铜礼器与文字的萌芽可能都在龙山时期，但在目前的资料上看来，龙山与下一个阶段的二里头文化之间是有一道很深的鸿沟的。

3. 从二里头文化到殷商文化的阶段：这是有宫殿建筑、大规模战争、殉人、用人牲与铸造青铜礼器的阶段。二里头文化中虽然还没有文字发现，但它的宫殿建筑与青铜礼器表示它与殷商近，与龙山远。

我们将这三个社会演进史的阶段叫什么名称？甲、乙、丙也可以，"部落"、"酋邦"、"国家"也可以。如果用"文明"一词，它应当是自第二个阶段起还是自第三个阶段起？如果说阶级社会便是文明社会，龙山时代至少可以说是初级的文明社会，而二里头、殷商文化可以说是高级的文明社会。很清楚，这是术语上的问题。从实质上讲，在中国文明起源的程序上说，这三个阶段是都不可少的。

不论以第二个阶段为"文明"还是以第三个阶段为"文明"，这都只是中原地区的历史现象。中国其他地区的史前史与历史时代早期文化也需同样的分析、分段，各地区可能各有它自己的文明阶段。各地区的文明阶段是不是一样的？把它们比较了以后能不能在中间画上等号或把它们合并起来归纳成一个"中国"文明起源阶段？这些都是要在分析研究以后才能答复的问题。

二　从所谓系统论看"中国文明"起源的一元与多元

谈中国文明起源的问题，第一步是决定"文明"该如何界说，下一步便要决定什么是"中国"文明。最近在这个问题的讨论上，这是若干争辩的焦点，但这个焦点并没有明显地揭露出来。争辩的一方采取所谓"满天星斗"的看法，主张中国文明的起源是多元的，因为上述新石器时代六个区域文化都是中国文明的祖先[1]。争辩的另一方则以文字、青铜器与城市为界说文明的标志，指出中国境内最早达到这种标志的是中原的二里头文化，所以中国文明的起源还是自中原开始的[2]。这项争辩的两方都有考古文化的根据，但他们的意见分歧，是因为他们笔下的"中国文明"实际上不是一回事。前者用广义的界说，相当于"中华民族"的文明，在时代上是连续性的；后者用狭义的界说，以最早的文明相当中国文明，亦即把华夏文明当作最早的中国文明的代表。

可以把它叫做"中国文明"的文化在考古材料中如何辨认？在什么时代可以开始辨认出来？这是中国考古学上的一个关键问题，但也是一个非常困难的问题。所以困难，是因为"中国"这

---

[1]　上引136页注[1]苏秉琦、殷玮璋文；注[2]苏秉琦文。
[2]　见上引131页注[2]安志敏、注[4]邹衡、注[6]李先登、注[5]蔡凤书各文。

个名词的界说也像"文明"一样有两个不同的途径：一是先决定它该有些什么内容，再到考古资料中去辨认；二是在考古资料中去看文化分类的趋势，然后在所分的诸文化中寻找中国文明的祖型。我觉得在最近对中国文明起源的争议中，对"中国"文明的界说问题，不论是从哪个途径出发，讨论都嫌不够。

五六十年代中国考古工作集中在中原地区，到了 70 年代以后，地方考古工作，尤其是长江流域与内蒙古和辽宁，有了较大的进展，再加上大量碳十四分析所得年代数据，使我们对中原以外早期文化的认识有了很大的增进。以今天的眼光看中国的新石器时代文化，加以分析，至少可以得到两项初步的结论。第一项是中国境内有好几个新石器时代文化，各自独立发生发展；第二项结论是这些个文化在发展途径中在地理空间中扩张而彼此发生接触，产生交流互动关系。由于这第二项现象，中国范围内所包括的许多地区文化彼此之间构成一个大的文化系统，而各个个别文化都不能把它孤立看待。换言之，中原文化虽然目前在年代上有优先地位，它的发展并不是孤岛式的，而必须作为较大的文化系统的一部分来加以分析和讨论。金观涛和刘青峰在讨论寻求使用比较新颖的社会科学理论体系来研究中国历史的时候，就提出来参考使用"系统论"的建议：

> 系统论、控制论是 20 世纪以通讯、自动化和计算机为特色的科学技术革命的产物，它们不把事物看作相互孤立的因果系列和可以分割处理的机械模式，为研究错综复杂的事物提供了某些具体的理论和方法。在强调整体研究的时候，系统论、控制论还特别指出：局部特点相加之和并不等于整体特征，而必须把它们始终作为整个系统的相

互依存的组成部分来加以研究。[1]

金、刘二氏指出要使用这种理论模式研究中国社会,"要理解一个系统,特别是像社会这样的复杂的大系统的整体特征,就必须剖析这个系统的结构和作用机制,也就是分析大系统是由哪些子系统组成,这些子系统之间又是怎样相互作用、相互调节的。"[2]研究一个社会如此,研究一个大的文化体系也是如此。具体地说,中国新石器时代早期各区域文化彼此独立、各自发展的时候,每个文化是一个独立的系统;可是到了它们彼此接触交流、互相影响的时候,这些区域文化便形成许多子系统,而它们共同组成的大的文化体系便形成一个主系统。

中国史前文化的系统论不是社会科学理论的套用,而是根据扎实的考古材料所建立起来的文化历史。在早期农业文化的基础上,到了公元前5000年左右,中国境内可以辨别出来的区域性农业文化有黄河中游的仰韶文化、山东半岛的大汶口文化与辽河流域的新乐文化;在南方有长江中游的大溪文化、长江下游的马家浜文化、河姆渡文化及东南海岸的大坌坑文化。这只是根据现有考古材料能够辨认出来的文化,将来这张单子一定能够扩张,尤其是华南部分。这些文化彼此之间虽有相似之处,很显然的它们是各有来源各有特色的区域性的文化。过了1000年以后,即到了公元前4000年左右,这些文化的发展进入了一个新的阶段,即彼此之间发生了连锁关系:

"到了公元前四千年前左右,华北和华南这些各有特

---

[1] 金观涛、刘青峰:《兴盛与危机——论中国封建社会的超稳定结构》,长沙:湖南人民出版社,1984年,8页。
[2] 同上书,11页。

色的文化开始显露出来一种互相连锁的、程序的、不可动摇的证据，而这个程序在华北在这以后一千年内，在华南在这以后一千五百年之内继续深化。各个区域文化向外伸展而互相接触，在文化上互相交流，而且表现了持久而且重要的交流关系的具体的、逐渐增加的证据。这个交互作用的程序无疑的在数千年之前便已开始，但是到了公元前四千年前它在考古记录中的表现才显得清楚而且强烈。这些表现可以从两部分来叙述：即华北诸文化之间的交互作用的表现和华北、华南文化之间的表现。

"在华北之内，相互的关系在仰韶、大汶口、红山和小珠山（长山列岛）各类型之间开展。到了公元前四千年前，黄河下游冲积平原已经大致形成，而仰韶与大汶口之间的陆上交往必由这个空隙的变究终于消失所促进。整组的大汶口陶器在河南数处遗址中发现，最西达到了偃师，而且典型的大汶口器型（如背壶、袋形足的鬶、镂孔足的豆和高足杯）见于豫西类型的仰韶器组。仰韶对大汶口陶器尤其彩陶的影响也很显著。仰韶和大汶口所共有的石器、骨器和陶器类型的单子是很长的，而两者之间的互相作用、互相影响是不容否认的。

"辽河中上游和大凌河谷的红山和辽东半岛南端的土珠山无疑是属于同一个运行轨道之内的，都具有细石器和篦印纹平底陶器这类北方的特征。小珠山和大汶口经由山东半岛和辽东半岛之间的列岛而相接触，如山东蓬莱以北长岛县的北庄遗址的考古遗存所示，在这里篦印纹陶器和大汶口类型伴存出现。至于红山和仰韶，它们在河北北部以及北京地区彼此之间有直接的接触。在红山文化最初发现的中国考古学的早期阶段，因为它有绘黑彩的红陶，考古学者很快地作出它是仰韶文化在北方的一个分支的结论。现在我们对这个文化本身了解比较深刻，一般的看法是以为红山文化是辽河河谷本身的发展，也许是在新乐文化的基础上发展出来的，但是在它的发展过程中它接受了外面的影响，包括仰韶的影响。如红顶碗式的陶钵，与仰韶文化后冈类型的陶钵相似，彩陶中的平行线纹、平行斜线组成的三角形纹也与后冈类型的同类彩陶相似。有凸饰的圆腹罐，和半坡遗址的有凸饰的尖底罐也类似。

"华北的大汶口文化与长江流域和东海岸文化连锁关系的连锁证据就是所谓'龙山形成期'的成形；龙山形成期在第四个千纪的中叶在华北和长江流域出现，然后沿着东海岸直到台湾和珠江三角洲一直到第三个千纪的中叶。龙山形成期这个概念是最初在1959年作为贯穿若干区域文化序列的空间性的整合工具而提出来的，用来说明整个中国东海岸在一段连续的时期之中的许多石器和陶器特征与类型上的相似之处。为了解释龙山形成期的迅速而且广泛的扩张，在提出这个概念的当时觉得把它当作从一个核心区域，即华北的中原地区，汾、渭、黄三河的交汇地带放射出来的文化扩展是合理的解释。作这种解释的基础是新石器时代文化发展在中原有一串完整的系列，而在东部和东南海岸当时没有这样的一个完整的发展系列，因此在东部与东南海岸地区的与中原类似的文化想必是自中原较早的文化传布而来的。可是到今天这个基础已经不复存在了。因为在好几个区域中今天也已经有了完整的或近乎完整的发展系列了。因此'龙山形成期的大扩张'这个观念不能再来作为解释龙山形成期的理论基础。但如西谚所云,我们切不可把婴儿与洗婴儿的水一起倒掉,因为婴儿——龙山形成期——是真实存在的。

"沿着史前时代交互往来的路线在几个区域文化之间移动,我们不妨自大汶口开始。沿着海岸平原向南我们可以走入马家浜文化的领域,从这里我们有两条路线可走:向南穿过杭州湾到河姆渡的领域及其更南到东南海岸,在这里稍后我们可以接触到福建的昙石山与溪头文化和台湾的凤鼻头文化。另一条路是自马家浜转向西而沿长江向上流走。在这条路上我们先碰到安徽的薛家岗文化,然后在江西又碰到跑马岭文化(或称山背文化)。从这里我们可以再向上游走到湖北的大溪和屈家岭文化,或沿赣江转向南方走入粤北和石峡文化。在这些个区域的已知的文化和遗址不都是完全同时的,但它们所代表的文化传统都是彼此平行的,只是多半都还没有为考古学所揭露。一般而言,在年代学上看,北方稍早(公元前第四千纪)而南方稍晚(公元前第三千纪早期),但这可能只是由于资料不全所产生的幻象,而且至少所有的区域之间都有重叠现象。

"沿着东海岸和长江流域作这个贯穿各个考古文化区的假想中的旅行,我们会看到我们所遇到的史前居民在物质文化上有许多相似之处。磨制石斧、石锛、石刀和许多骨、角、蚌器在这些区域中可以说是普遍存在的,固然在一般的形式上来说它们在所有的相当的文化中都有。可是特别令人注意的类似点——考古学上所谓共同水平的标志——可见于陶器的形制和装饰上面。这中间最令人信服的是我所谓的龙山形成期的诊断特征,即有镂孔的高低不一的圈足的豆与三足的鼎形烹饪器。这两种器型不但在龙山形成期遗址出现，而且数量众多。此外还有若干其他的相似点，有的比较一般性，有的很为特殊。在一篇谈论山背文化的文章里，彭适凡举证说明这个在赣江流域占据战略位置的江西文化曾经作为与东边（长江下游）、西边（长江中游）和南边（广东）文化接触交流关系的枢纽。他绘制了一张分布遍及所谈这些区域的若干陶器、石器类型的比较表。虽然他用作比较的文化都是公元前第三个千纪的，这个表所显示的陶器水平期是有长久历史的。

"如上所述，不论是华南还是华北我们都可以提出一个假说，就是自公元前四千年左右开始，有土著起源和自己特色的几个区域性的文化互相连锁形成一个更大的文化相互作用圈（sphere of interaction）。……这个在公元前四千年前开始形成，范围北自辽河流域，南到台湾和珠江三角洲，东自海岸，西至甘肃、青海、四川的相互作用圈，我们应当如何指称？我们也可以选一个完全中立的名词而称之为 x，可是我们也不妨便径称之为中国相互作用圈或中国以前相互作用圈——因为这个史前的圈子形成了历史期间的中国的地理核心，而且在这圈内所有的区域文化都在秦汉帝国所统一的中国历史文明的形成之上扮演了一定的角色。"[1]

上面引了一大段已经发表过的对这个问题的讨论，是为了节省篇幅，因为繁琐的考古资料（作为这种讨论的资料基础）可以省略不引了。从这段讨论来看，这个史前的"中国相互作用圈"便是

---

[1] 上引 K. C. Chang 文，见 140 页注 [1]，237—242 页。

历史时代的"中国"的地理区域的基础,而圈中所有的区域文化都是历史时代中国文明的源头。所以论"中国文明"起源,作"中国文明"定义的时候,不能不考虑这中国大系统的整个范围。中原文化只是这大系统中的一个子系统,它有它自己的历史,也有它作为大系统中一部分的历史,即影响其他文化与接受其他文化影响的历史。其他地区文化也有同样的历史。谈中国文明的一元与多元,我建议不妨从这个角度来看。

三 中国文明形成的动力问题

讨论"中国文明的起源"的另外一个大的课题便是它如何形成的?从"文明"以前到文明阶段要有一个发展的过程,现在的问题便是这发展的动力。在过去主张中国文明是外来的时候,这个问题是很容易回答的,但现在既然没有人再作这种主张了,问题的解决便复杂化了。

上文说到在界说文明的时候,我们是在历史发展的程序中辨认以重要成分出现为标志的发展阶段的,这些重要成分包括文字、青铜器与城市,甚至包括阶级社会与国家的政府形式。但列举这些成分或它们个别的发展历史并不等于说明文明产生的动力。文明是一个社会在具有这些成分时在物质上或精神上的一种质量的表现,而它的关键是在于财富的积累、集中与炫示。谈文明的动力便是谈一个社会积累、集中与炫示它的财富的方式与特征,也便是谈它的各种成分(如文字、青铜器、城市等)在财富积累、集中与炫示上所扮演的角色及所起的作用。

中国古代社会中的财富包括哪些项目?在指认中国古代财富上很重要的一段文字是《左传》定公四年记述周公分封子弟时赐给他们带到封邑去的财富都包含些什么内容:

"昔武王克商，成王定之，选建明德，以蕃屏周。故周公相王室，以尹天下，于周为睦。

"分鲁公以大路、大旂，夏后氏之璜，封父之繁弱，殷民六族：条氏、徐氏、萧氏、索氏、长勺氏、尾勺氏，使帅其宗氏，辑其分族，将其丑类，以法则周公。用即命于周。是使之职事于鲁，以昭周公之明德。分之土田陪敦、祝、宗、卜、史，备物、典策，官司、彝器。固商奄之民，命以伯禽而封于少皞之虚。

"分康叔以大路、少帛、绩茷、旃旌、大吕。殷民七族：陶氏、施氏、繁氏、锜氏、樊氏、饥氏、终葵氏。封畛土略，自武父以南以圃器之北竟，取于有阎之土以共王职；取于相土之东都以会王之东搜。聃季授土，陶叔授民，命以康诰而封于殷虚，皆启以商政，疆以周索。

"分唐叔以大路、密须之鼓，阙革、沽洗、怀姓九宗，职官五正。命以唐诰而封于夏虚，启以夏政，疆以戎索。"

这段文字所列举诸项都是周初开国时所必具的本钱，包括：（1）土地（"土田陪敦"，即《诗·鲁·颂·閟宫》中的土田附庸）；（2）开垦、耕种土地以及从事手工业的劳动力（"殷民六族"、"殷民七族"、"怀姓九宗"）；（3）各种的"艺术品"，或有象征意义，或是礼仪法器。土地作为财富，主要依赖由土地所生产的农产品与兽肉。卜辞中卜"受年"的例子"多达数百片"[1]；卜辞中又屡见王田猎卜辞，即王率臣卒外出猎鹿等野兽，最多一次猎获三百四十八只[2]，可见田猎收获也构成殷王

---

[1] 岛邦男：《殷墟卜辞研究》，日本：东京汲古书社，1958年，496页。
[2] 同上书，503页。

室一项重要的经济收入。除此以外，上引《左传》这一段话没有列入的还有殷周金文中常见的王或其他贵族赏赐臣下的"贝"。殷墟妇好墓中埋葬的财宝除了各件金玉以外，还有近七千枚海贝[1]。综上所述古代财富项目主要的可以列举如下：

1. 土地
2. 食物（农作物、兽肉）
3. 劳动力（农业与手工业）
4. 贝
5. 作为象征物及法器的艺术品

这些财富是如何积累和集中的？要详细回答这个问题需要彻底分析中国古代社会中的经济行为，我们在这里只能指出若干有关的现象，试求解释造成这些现象的因素。财富的增加，不外表现生产力的增加，而生产力的增加，不外基于两种因素，即生产技术的进步或劳动力的增加与劳动效率的增进。从仰韶文化到龙山文化到三代文明，如上文所述，有一步一步的质的跃进。这每一步的跃进，在考古学的记录上，是伴随着生产技术的进步呢？还是伴随着劳动力的增加与劳动效率的增进呢？还是伴随着两者呢？

从上面文化九项因素进展历史表来看，从前一个阶段到后一个阶段的跃进，并不伴随着生产工具、生产技术的质的进步。考古遗物中的生产工具，如锄、铲、镰刀、掘棍、石环等等，都是石、骨制作的。不论在形式上还是在原料上，从仰韶到龙山到三代，都没有基本的变化。考古学上在东周以前也没有大规模水利建设或农业灌溉的证据。

从仰韶到龙山到三代，一个阶段一个阶段地跃进，在考古学

---

[1]《殷墟妇好墓》，北京：文物出版社，1980年，220页。

上的表现是阶级分化、战争、防御工事、宫殿建筑、殉人与人牲等政治权力集中的表现。换言之，中国考古学上所表现的文明动力是政治与财富的结合。

（原刊《文物》2004年1期）

《古代中国考古学》中文版自序

The Archaeology of Ancient China 这本书已由美国耶鲁大学出版社先后出了四版,四版的年代是 1963、1968、1977 和 1986 年;这本中译本是根据 1986 年第四版翻译的。近四十年来,中国考古学的进展很快,新的材料层出不穷,一本根据当年的材料所作的对中国考古的综合研究,过不了几年便被新材料赶了过去,便需要作大幅度的修改。所以这四个版本实际上可以说是四本不同的书。第四版是 1985 年底完成的,到今天又快十年了。这十年来又出了许多新发现,按说又该写第五版了。但是我目前没有写第五版的计划。一方面这是因为最近十年来考古期刊在地方上不断出新,我一个人已经没有办法将全国考古出版材料收齐。另一方面也由于第四版所建立起来的理论构架在今天看来还没有作基本上修改的必要。把第四版作基础,再把十年来出土的新材料择其重要的在适当的位置上插入,这本书还可以使用一段时期。在这篇序里面,我便想试试看将一些新材料稍作介绍,看能不能将这本中译本所代表的时代向前推进一些。

说到这本书的中译本,这本书为什么一直是用英文写的,为什么到今天才有中文版,这些问题都反映了当代中国考古学的一些特征。从 1949 年到 80 年代的初期,中国大陆的考古学者与国外考古界几乎没有接触,西方考古界在这几十年中在理论、方法、技术各方面重要的发明与发展，对中国考古学的影响可说是非常微小的。这些年中新发现的资料越来越多，可是对它们的研究和解释的方法，仍然停留在三四十年代的阶段，以用年代学（基于地层学和类型学）和古史分期（基于马恩的唯物史观）作框架来排比材料为主要的作业目标。在 1962 年出版的《新中国的考古收获》（北京：文物出版社）一书，综合建国十年来的考古新发现，便是一个很好的例子。用这种方法做出来的文章和报告，在史前史和古史的发展变迁的程序和动力上，很少有新颖的见解，但在材料的提供上，是比较客观的。所以这三十多年中的考古期刊与报告，提供了大量的客观史料；这是中国考古界在政治挂帅的困境之下所做的积极贡献。

60 年代的初期，我在美国哈佛大学人类学系博士班毕业，写了一篇叫作 *Prehistoric Settlements in China: A Study in Archaeological Method and Theory*（1960）的博士论文。这篇论文所采取的基本方法论是 50 年代在美国盛行的所谓聚落形态的研究法（the settlement patterns approach），这种研究法把考古遗址当作聚落看，将聚落当作社群看。用这种方法来整理考古资料，主要的目的是将"物"在概念上转化成"人"，所以考古学的"资料"就转化成人类学的"现象"。以人类学的现象作研究的基本材料，我们便可以直接地分析文化差异与变迁的程序和因果关系。我在这篇论文里，除了将考古材料分类排比以外，同时讨论了文化差异变迁的程序与因果关系。次年我便采用了论文的结论作为基本的框架，将到 1961 年前后所有的中国考古资料作了一番整理，在 1963 年出版了 *The Archaeology of Ancient China* 的第一版。这本书既是用西方的观点整理中国资料的一种尝试，它便成为全世界各区域考古学研究的一个环节，所以它也就一向是全世界各区域考古学的基本参考书之一，也便是它一直用英文写作的原因。从第一版到第四版，这本书经历了很大的变化，变化的原因，基本上就是一个：那不断陆续出土的新资料，迫使我们随时检讨我们的解释理论，随时迫使我们将它修改、完善。例如第一版的解释框架是中国历史上传统的中原核心说。可是到了第四版，由于中原以外区域资料的大幅增加和这些区域很多文化被碳素十四定年特早，我们很自然地改用了区域多元性的新诠释。

就在 80 年代的初期，由于一连串内外的因素，中国考古学在理论和方法论上，产生重要程度不一的各种变化。1981 年的《文物》第五期发表的苏秉琦和殷玮璋的《关于考古学文化的区系类型问题》一文，开始使中国考古学摆脱中原核心的窠臼，使区域考古和由之而来的许多文化演进交流等问题，成为研究的对象。这以后八九十年代中一连串的考古理论书籍、论文的出版和翻译，如张忠培的《研究考古学文化需要探索的几个问题》、（载《文物与考古论集》，1986），俞伟超主编的《考古类型学的理论与实践》（1989）、俞伟超和张爱冰的《考古学新理解论纲》（载《中国社会科学》1992：6）、北大青年教师和研究生举办的"走向二十一世纪——考古学的学习、思考与探索"座谈会（发言摘要载《文物天地》1988：3）、南京博物院出版的《东南文化》中刊载的许多理论性的论文（如 1992 年第二期中的《中国考古学的思考与展望——张忠培先生访谈录》和李科威的《考古类型学的进化观与文化动力学问题》）、中国历史博物院考古部编《当代国外考古学理论与方法》（1991）、蒋祖棣、刘英译 Bruce Trigger 的《时间与传统》（1991），以及拙著《考古学专题六讲》（1986）等，90 年代的中国考古工作者可以说是在考古理论和方法论上感觉十分饥渴的，因而在这种气氛与环境之下对于资料排比式的中国考古学的综合研究自然有不足之感。因为最近几年我出了几本中文书（除了上述的《六讲》以外，还有《中国青铜时代》一、二集），国内的读者对我的作品有一定程度的熟悉，所以对这本有长期历史的 The Archaeology of Ancient China 便产生了很大的好奇心。我相信这本书的中译本之所以在今天问世，是有这样的一个时代背景的。这本书包括的范围很广，处理的问题非常复杂，里面一定有许多错误和不妥之处，我希望国内的读者不吝指正。

上面已经说过，本书的第四版出版于1986年，它所使用的考古材料的出版年代到1985年底为止。自1986年到今天（1993），考古出版品中又积累了七八年的新材料。这些新材料照我的意见还没有影响到全书的结构，但在很多点和面上使我们对个别文化的了解，要丰富了许多。下面依原书的章目为序，将比较最重要的新材料略作讨论。

（一）旧石器时代的基础

这几年来新出土和新发表的人类化石和旧石器地点又有多处，其中特别值得注意的有四川巫山（黄万波、方其仁等著《巫山猿人遗址》，北京海洋出版社，1991）和山东沂源（《人类学学报》，1989：4）两处的猿人化石。

古人类学在中国的研究，自北京猿人第一头盖骨的发现（1929）已有六十多年的历史，不论在材料的数量上还是它们的重要性上，都已达到不能不为世界上讨论人类演化史者加以郑重考虑的程度（见吴汝康、吴新智、张森水主编《中国远古人类》，北京科学出版社，1989）。最近世界古人类学者两次座谈现代人类出现的理论问题（T. Akazawa, K. Aoki, T. Kimura, eds., *The Evolution and Dispersal of Modern Humans in Asia*, Hokusen-sha, 1992；R. W. Sussman, guest editor, "Contemporary Issues Forum: A Current Controversy in Human Evolution," *American Anthropologist*,

v. 95，No. 1，1993），在很多关键性的争论上，中国人类化石材料与研究都被学者举出来作为讨论的根据。

(二) 早期农民（8000—5000B. C.）

全新世初期从旧石器的渔猎采集时代向新石器农耕时代的转变，还需要考古学家与许多自然科学家的进一步的研究，但近几年来在华北、华南都出了一些新材料。华南新石器时代早期较重要的新发现，集中在长江中游两处。其一是湖南北部的澧水流域（见《考古》1986年1期、5期；1989年10期），尤以澧县彭头山最为重要，其年代可早到公元前6000年以前，出土绳纹、刻纹的陶器和大量的稻米，是中国现知最早的稻米发现（见《文物》1990年8期）。比彭头山稍晚为石门皂市，再下去便接上下一个阶段的大溪文化。另一处是湖北西南部枝城市（原宜都县）的几处遗址，以城背溪为主（见《江汉考古》1988年6期及1991年1期），也出有与澧水流域相似的绳纹、刻纹陶器。

华北较早期的新石器时代遗址中最值得注意的有两处。其一是河北省中部徐水县南庄头遗址（见《考古》1992年11期）。这里出土遗物很少，只有陶片十五片、石骨角器四件和有人工凿孔痕木棒、木块各一件。陶片都是素面的，石器中有磨棒、磨盘各一件。同出的动物骨头里面，除了野生种类以外，有可能是家养的鸡、狗和猪。最重要的资料，是这个遗址的好几个碳素十四数据，都在距今一万年上下，是现有华北最早的一处新石器时代遗址。华北发现另一处重要遗址，是河南省南部舞阳县的贾湖（见《华夏考古》1988年2期及《文物》1989年1期）。贾湖的遗物很像是裴李岗文化，但也有人主张应另立一个类型。贾湖的重要性在于它出土的器物所反映的在这个时代的文化的丰富繁缛。它有制作精巧的骨器，包括一件多音阶的笛子。随葬物中有龟甲，上面刻有似是文字的符号。除此以外，较早的新石器时代文化中值得注意的还有山东临淄、章丘一带新发现的后李文化，似是比北辛文化为早，与裴李岗文化平行的一种新文化（《中国文物报》1992，6）。

在磁山文化以北，在年代上与磁山文化平行，但面貌与磁山文化迥异的一个较早的新石器时代文化，是近年来新发现的兴隆洼文化。过去我们知道在所谓东蒙南满地区，即辽河和大凌河流域，在公元前5000年到公元前3000年之间，这个地区已知道有三组不同的新石器时代文化，即西拉木伦河流域的富河文化在西，老哈河与西辽河的红山文化在中，辽河下游以沈阳为中心的新乐文化在东。兴隆洼文化分布在红山文化区域，但远较红山文化为早，目前定年在公元前5500年以上，与本章的较早期新石器时代平行，是已知东蒙南满区最早的新石器时代文化。它的陶、石器与新乐、富河的相像，多是压印篦纹的平底棕褐色陶，但有它自己的特征（见《考古》1985，10；杨虎：《试论兴隆洼文化及相关问题》，《中国考古学研究》，北京：文物出版社，1986）。

（三）华北新石器时代区域文化的发展（5000—3000B.C.）

中国考古学上研究史最久的仰韶文化是中国新石器时代文化里面所知最丰富的文化；几年来新发现的资料使我们对仰韶文化的了解更为完整与多面（见严文明《仰韶文化研究》，北京：文物出版社，1989；巩启明《试论仰韶文化》，《史前研究》1983年1期）。新发现的资料中最值得注意的是许多可能是有关宗教艺术的，这些资料综合看起来对仰韶文化中的巫术、巫师的性质和活动有明显的启示（见拙著《仰韶文化中的巫觋资料》，《中央研究院历史语言研究所集刊》64 期，1994）。其中最为重要并为人注目的是河南濮阳西水坡的一个可能是巫师的墓葬。濮阳西水坡的仰韶文化遗址属于豫北的后冈类型，据碳素十四数据可早至公元前 4000 余年。遗址中有房基、墓葬和窖穴的遗存，但在这里要详细介绍的是南北一排的三组蚌壳堆成的美术图样。第一组在第 45 号墓葬：

"墓主为一壮年男性，身长 1.84 米，仰身直肢葬，头南足北。……骨架的左右两侧，用蚌壳精心摆塑龙虎图案。蚌壳龙图案摆于人骨架的右侧，头朝北，背朝西，身长 1.78 米、高 0.67 米。龙昂首、曲颈、弓身、长尾、前爪扒、后爪蹬、状似腾飞。虎图案位于人骨架的左侧，头朝北，背朝东，身长 1.39 米、高 0.63 米。虎头微低、圜目圆睁、张口露齿、虎尾下垂、四肢交递，如行走状，形似下山之猛虎。……虎图案北部的蚌壳，形状为三角形……在这堆蚌壳的东面……还发现两根人的胫骨。（《文物》1988，3:3 页）

"第二组蚌图摆塑于 M45 南面 20 米处，……其图案有龙、虎、鹿和蜘蛛等。其龙头朝南，背朝北；其虎头朝北，面朝西，背朝东，龙虎蝉联为一体；其鹿卧于虎的背上，……蜘蛛摆塑于龙头的东面，头朝南，身子朝北。

"第三组蚌图，发现于第二组……南面……约 25 米。……图案有人骑龙和虎等。……龙头朝东、背朝北、昂首、长头、舒身、高足、背上骑有一人，也是用蚌壳摆成，两足骑在龙的背上，一手在前，一手在后，面部微侧，好像在回首观望。虎摆塑于龙的北面，头朝西，背朝南，仰首翘尾，四足微曲，鬃毛高竖，呈奔跑和腾飞

状。……人骑龙和奔虎腾空而起，如在空中奔驰，则非常形象，非常壮观。"（《考古》1989，12:1059页）

这三组蚌图的重要性，是将龙、虎、鹿等等动物的美术形象与巫师密切地结合起来，将它们帮助巫师沟通鬼神上的作用，很明显地表示出来。看了这批材料后，我很快在《文物》1988年第11期写了一篇短文，引用了后世《抱朴子》和《三跻经》中道士与龙、虎、鹿的关系，来解释濮阳蚌图的意义，并指出这个"巫跻图像"的母题，在中国古代从仰韶文化一直延续到汉代。我这个看法，自然有我的偏见，因为这批材料有力地证实了我对三代青铜器上动物纹样的解释（见《中国青铜时代》，1982）。

关于45号墓地布局，庞朴（《中国文化》1，1989）和冯时（《文物》1990，3）同时作了很有意义的新解释。因为巫师头朝南，他身左的虎在西，身右的龙在东，与后日四神中的龙虎的方位相同。巫师脚下的一组蚌壳和两根胫骨似乎象征北斗图像，因此他们两位都将这座墓葬说成宇宙图，相信当时已有至少是雏形的二十八宿的观念。如果此说可信，那岂不是表示这个墓的布局正好象征巫师乘龙骑虎漫游宇宙？

除了仰韶文化以外，这个时期的北方地区中比较重要的新发现，是有关红山文化的。本书里已描述了东山嘴的礼制建筑与泥塑女像。规模更大、数量更多的礼制建筑（"女神庙"）和泥塑女像又在辽宁西部凌源、建平两县交界处的牛河梁遗址发现（《文物》1988，8）。牛河梁的遗迹主要包括女神庙和积石冢；女神庙内有彩绘墙壁画、泥塑人物与动物像的碎块和陶制祭器。在积石冢发掘的墓葬中发现许多玉器，有箍形器、猪龙形玉饰，环、璧、勾云形玉饰等等。这可说是中国新石器时代最重要的宗教性的一个遗址，同时它的艺术品，尤其玉器，也很值得注意。用玉和滑石雕塑的人像和各种鸟兽像还大量地发现于辽宁省东沟县的后洼遗址(《文物》1989，12)。

(四) 华南新石器时代区域文化的发展 (5000—3000B.C.)

近几年来整个长江流域都有丰富的新石器时代考古新发现，尤其集中于湖北、湖南洞庭湖两岸及江西鄱阳湖沿岸。材料尤其丰富的是有关大溪文化、屈家岭文化及江西和安徽的新石器时代文化。特别值得提出一下的是湖南澧县城头山的屈家岭文化的城址。这个有四个门、有护城河包围的圆形的城，定年于公元前2700到前2000年，是中国最早的城址之一（《中国文物报》1992，10）。形状不一的城址，据说在屈家岭文化中已发现了五处。

因为我对台湾考古的兴趣，我个人对东南海岸，尤其是福建沿海考古特别注意。新发现的遗址中从这个观点来看最为重要的是福建平潭岛上壳丘头遗址（《考古》1991，7）。这里出土的陶器除了绳纹以外还有多数的贝壳压印纹，与过去金门出土的陶片相同，我目前把它当作大坌坑文化的一个类型（《考古》1989，6）。

(五) 中国互相作用圈与文明基础

这章所讨论的在公元前4000年左右开始形成的"互相作用圈"（或称"互动圈"）和这个圈内各个区域文化因为互动与互相影响而产生本质类似的平行变化和发展这些说法，经过这几年新材料的考验，不但证明了它基本的正确性，而且在很多细节上更加加强了。从公元前3000年开始，各区域的龙山文化不约而同地显示出来许多共有的新现象，如城墙的建造、人祭人殉的使用、墓葬中大小规模的悬殊、专门制造的祭器和法器、似文字的符号和小件的铜器，等等，都越来越明显地指出，各地的龙山文化时代，是中国历史上阶级社会和文明出现的时代。南京博物院的车广锦将"仰韶文化晚期、大汶口文化时期、红山文化后期、大溪文化晚期、良渚文化时期"称为"古国时代"(《东南文化》1988，5)，与上文所说的意思在精神上是一致的。

这几年来各区龙山文化较重要的新发现，在这里可以举几个例子。龙山时代有城墙的城址，本书所报告的在山东有一处——章丘的城子崖，在河南有三处——淮阳平粮台、安阳后冈和登封王城岗。最近数年来，山东的有围墙的城址又新发现了三处：寿光边线王、淄博桐林与邹平丁公(见《考古》1993，4；《中国文物报》1993，20)。就是在城子崖也发现了一个新的龙山文化的城址，而原来的城址现在相信是属于晚于龙山的岳石文化的。这四个城址，从边线王到城子崖，自东向西一线，都在泰沂山地北侧平原地带，彼此相距35到50公里，很合乎古国的形象。河南有围墙的城址又增加两处，即郾城郝家台和辉县孟庄；孟庄的城墙长宽各400米，是河南龙山城址中最大的(见《中国文物报》1992，47)。

尖锐表现了山东龙山文化社会统治阶层的崇高地位的考古新发现，是临朐县朱封村的两座大墓。两墓都是六七米长，一个是一棺一椁，一个是一棺两椁。都有多色彩绘和随葬的玉器和精美黑陶(《中国文物报》1990，6)。重要性可能更大的是上述邹平丁公遗址中一片有十一个文字的陶片的新发现；这些字还不能认识，但是文字无疑(《考古》1993，4)。

良渚文化的新发现在研究龙山文化期社会性质上可能有最大的重要意义。首先，像山东的情况一样，良渚文化的许多遗址中有刻着符号的陶片，其中很多符号可以说是文字(见《考古》1990，10：904页；《东南文化》1991，5：182—184页；《文物资料丛刊》1985，9：8页)。但是良渚文化最重要的新发现是四处遗址：浙江余杭县的反山(《文物》1988，1)、瑶山(《文物》

1988，1)、汇观山（《中国文物报》1992，5），与江苏昆山的赵陵山（《中国文物报》1992，30)。反山是一座墓地，发掘了的十一座墓葬中，出土了陶、石、玉、象牙、涂朱嵌玉和嵌玉漆器等一千二百余件。整个墓地在一个高台土坛上，它的位置和随葬物的丰富，都可表现墓中人物的重要地位。瑶山是一个方形祭坛，坛的南部挖了十一座墓葬，其中也出了大量的陶漆玉石器。汇观山也是个祭坛，出了四座大墓，是良渚文化中所见最大的墓，有棺、椁和大量的随葬品。赵陵山是座土筑高台，有大墓，又有明显的杀殉埋葬。从这些遗址看来，良渚文化已经有了相当高度的阶级分化，可以说具有相当的文明程度了。尤其值得注意的是这几个遗址中出土的玉器上雕刻着各种"人兽纹"，上与仰韶文化的巫跻母题，下与商周的人兽母题接连呼应，对当时的巫术与宗教有明显的启示。

(六) 早期的文明：三代

近几年来黄河流域的三代考古学虽然没有什么突破性的新发现，但每一个文明都添加了重要的遗址。偃师的二里头在第三期两座大型基址之外，又发现了两座可能属于第一、二期的大型宫殿基址（《中国文物报》1993，8)。这个发现对二里头文化即夏文明的说法给了新的支持。商代考古则每一阶段都有新的工作。在安阳殷墟的小屯乙区东南发现了一个新的大型宫殿基址，将小屯宫殿宗庙区向东南扩充（《中国文物报》1990，7)。在殷墟郭家庄发现自妇好墓以后最为丰富的一座大墓，出土了青铜、陶、玉、石、骨、牙、竹等类器物共 349 件，包括青铜器 288 件（《中国文物报》1991，3)。在殷墟花园庄发现了一个甲骨坑，含 856 片甲骨，以大片卜甲居多，有字整甲达九十多版，字数多的达二百多字（《中国文物报》1991，49)。在郑州这个阶段的，有在偃师商城的第二号建筑基址发掘出来的排列规整有序的大型排房式建筑遗存(《中国文物报》1992，49)。

从1991年秋季开始，中国社会科学院考古研究所与美国哈佛大学合作，在河南商丘地区进行考古调查，希望找到传说中"契都商"的商城。商是契、昭明、相土三代先公的故都，并且有商一代都是王室祭祖的中心。帝乙征人方的路线上有商，显然就在今之商丘。同时，后代殷商文明中的许多文化成分，与东海岸新石器时代文化有很大的类似，尤其是良渚文化。从东海岸到河南商文明的核心地带，正好沿着海路出入，商丘是必经之地。但在历史期间由于黄河及其支流屡次泛滥，商丘一带被厚达十米的泥沙掩盖，所以古代遗址很难调查。上述的调查队使用各种地下探测仪器，作广泛的调查，已有初步的收获。

西周考古的重要新发现，有大型宫殿遗址在镐京的首次发现(《中国文物报》1992，20)。

(七) 早期的文明：三代以外

中国传统历史上的三代，都在"河洛之间"。上一章所说的三代，便以中原为中心。但近几年来殷商文明考古上最重要、最值得注意的新发现，却是中原以外的殷商时期地方国文明。在北方有河北定州发现的晚商墓葬群，已经掘了四十二座墓葬，其中有四分之一是大型墓（《中国文物报》1991，48）。再向西北方向走，商代遗址和器物在河套一代已经发现很多（田广金、郭素新编著《鄂尔多斯青铜器》，北京：文物出版社，1988）。

但最令人惊奇的重要商代地方文明的新发现，却在长江流域。第一个遗址是四川广汉的三星堆。这个遗址有城墙，有大量的房屋基址，有墓葬，有石器工场，但最为人所注意的发现，是1986年秋所发现的两座大型"祭祀坑"，出土文物近千件，包括青铜礼器，可能是象征王权的金杖，还有许多大大小小的青铜面具和人像，人像与面具有纵目的、有眼球突出的，形态峻歧，是过去中国青铜时代遗址里从来没有见过的。此外还有数十枚象牙，一棵悬着枝叶鸟兽的铜树和玉器。这批青铜器中的若干彝器和纹饰与中原的商器很是相似，但面具、人像、神树等物件，在中国这是首见。学者称这遗址所代表的文化为蜀或先蜀；它与邻接的文明之间的关系，还要作进一步的研究（见《考古学报》1987，2；《文物》1987，10；1989，5；《四川文物》1988，4）。

另外一个长江流域的重要发现，是江西新淦大洋洲的一座殷墓。这里面有随葬品一千九百余件，包括青铜器四百八十余件、玉器一千余件，还有陶器（《文物》1991，10）。这里青铜器的器形和纹饰，与中原的有同有异；很重要的一个异点，是它的五十三件青铜农具，包括犁、畬、耒、耝、铲、斧、斨、镰、铚等类型。本书里面屡次强调中国青铜时代的一个特色是青铜的使用集中于"国之大事，在祀与戎"。青铜时代的农业技术仍然停留在新石器时代阶段。这是我所说中国文明中财富的积累主要是靠政治手段来达成的这个结论的一个主要根据。大洋洲青铜农具的发现，在这一点上是需要仔细考虑的。

上面所列的新发现，只选了一些最重要或最引人注意的例子。在写的时候，有很多的感想，不知道是该乐观还是该悲观。可以乐观的是中国境内古代文化的历史，由于新材料的不断出土，越来越清楚，越丰富了。将本书比1963年的第一版，无疑本书要好得多。那么后之视今亦犹今之视昔，将来如果再有第五版、第六版，一定会代表我们对中国考古学的知识的不断进步。但是中国考古的材料恐怕几百年也挖不完，我们今天能够知道的古史，即使已有了一个小小的系统，也只是沧海之一粟。这样想来，又不禁感觉悲观了。今天所写的这篇小序，在印出来时，也已是明日之黄花了。这样看来，我们做考古工作者是永久不能满足的。假如我们今天的工作能对明天的工作有一点肯定的影响，便是很大的贡献了。

是为序。

张光直
1993.5.20

(《古代中国考古学》中文版，印群译，辽宁教育出版社，2002年)

二十世纪后半的中国考古学

在 20 世纪前半,像我们回顾的[1],我们看见一个新的传统性的中国考古学和历史学在中国本土学术的基础上建立起来。至于这方面从西方引入各种因素中,有两件事情特别值得注意,其一,中央研究院的历史语言研究所选择了殷墟,来集中他们的精力;其二,马克思主义是唯一有社会科学的学者来做民族比较的科目。

我用 1950 年来做一个重要的分界,是因为那年中国共产党统一了台湾以外的中国,而考古材料开始在全国积蓄。一个巧合的事情是,我自己考古事业也是那年开始的。回顾 20 世纪后半,就是回顾我自己的考古工作的背景。我相信,1950 年以前,中国考古学最主要的特征是民族主义,1950 年以后它的最主要特征是与中国的政治局势一同演变。

在八年的中日战争(1937—1945)逐渐扩大,而中国有亡国灭种的可能的时候,考古学家分散各地去尽他们自己给自己的责任,史语所的刘燿先生(后来以尹达之名为全世界所知的一个悲剧性的政治家)1937 年(民国二十六年)12 月 6 日在一篇未完

---

[1] K. C. Chang, "Chinese Historiography and Archaeology", *World Archaeology* (1980).

成的日照两城镇陶器报告的最后，留下来一个给同事们写的短文，里面说：

> 别了，这相伴七年的考古事业！
>
> 在参加考古工作的第一年，就是敌人铁蹄踏过东北的时候，内在的矛盾燃烧着愤怒的火焰，使我安心不下去作这样的纯粹学术事业！但是，事实的诉语影响了个人的生活，在极度理智的分析之后，才压抑了这样的矛盾，暂时苟安于"考古生活"之内。
>
> 现在敌人的狂暴更加厉害了，国亡家破的悲剧眼看就要在我们的面前排演，同时我们正是一幕悲剧的演员！我们不忍心就这样的让国家亡掉，让故乡的父老化作亡国的奴隶；内在的矛盾一天天的加重，真不能够再埋头写下去了！我爱好考古，醉心考古，如果有半点可能，也不愿意舍弃这相伴七年的老友！但是我更爱国家，更爱世世代代所居住的故乡，我不能够坐视不救！我明知道自己的力量有限，明知道这是一件冒险历危的工作，但是却不能使我有丝毫的恐怖和畏缩！[1]

别人没有上战场去打仗，但除了双方作战的前线之外，一位考古学者还有别的方法去抵抗日本侵略者，最常用的手段就是民族主义考古学。事实上民族主义考古学是全世界每一个国家都有的，最常见的就是"文明的起源"这一类的主张。在 30 年代，就已有以"我的文明比你早！"的结论的文章：如毕士博（Carl

---

[1] 全长三页，现藏中研院史语所考古组，我要谢谢杜正胜所长、颜娟英主任允许我把这三小段放在这里。

Bishop)与李济在《古物》(*Antiquity*)杂志里面不同意见的交换[1],和滨田耕作1930年的《东亚文明的曙光》[2]。民族主义这一类的研究最明显者首推何炳棣教授1959年出版的《东方的摇篮》(*The Cradle of the East*)[3],他在那本书中说:"我们分析了数种最重要的技术因素中诸多的典型的中国特征——田耕农业、动物畜养、陶器青铜器制造,包括一个在这之前的赤铜制作阶段存在之 review;还有一些更为独特的观念在中国的数字序列;名字、语言、宗教(焦点聚在中国亲属制度上);用肩胛骨、龟腹甲占卜和胚胎期的理性的思想。"

你要觉得何炳棣先生的主张过犹不及,不是正统的史学,请你看看傅斯年先生主编的,本所1932年出版的《东北史纲》。这本书是在中日战争初期满州国成立的时候,作者们在很情绪的心情之下写了出版的,我相信这里面的史学水平并不比何先生的高明。

在1950年以后,台湾还是老样子写书、写文章,证明中国文明要比邻国的高。不是不准写中国文明比别人高,而是这题目早被我们把它压榨得干干净净,已经很少有知识研究上的兴趣了。但是"我的爹比你爹高"这是中国人生来就喜欢说的。我在上面批评别人,我现在拿我自己的一本书《古代中国考古学》(*The*

---

[1] Bishop, Carl W., "The Neolithic Age in Northern China", *Antiquity* 7 (1933), pp. 389 – 404. "The Origin and Early Diffusion of the Traction Plough", *Antiquity* 10 (1936), pp. 261-281. "The Beginnings of Civilization in Eastern Asia", *Antiquity* 14 (1940), pp. 304 – 316. Li Chi (Li Ji) (1932). Manchuria in History. *Chinese Social and Political Science Review* 16, pp. 226 – 259.

[2] 滨田耕作,《东亚文明的曙光》(上海:商务印书馆,1935)。

[3] Ping-ti Ho, *The Cradle of the East: An Inquiry into the Indigenous Origins of Techniques and Ideas of Neolithic and Early Historics China, 5000 – 1000B. C.*. (Hong Kong: Chinese University of Hong Kong; Chicago: University of Chicago Press, 1975.)

Archaeology of Ancient China）做一个例子。这本书在 1963 年出了第一版，1968、1977、1986 年各出了第二、三、四版，在东亚、欧洲、北美洲流传很广，被很多大学与研究所采作教科书，它在西方的影响不能说是不大。主要的原因是，当时中国的书不出口，《古代中国考古学》消化了很多的遗址遗物，可作参考资料。同时，中国出版的考古书刊都是用马克思主义的观点，而《古代中国考古学》则是用英美熟悉的术语写的。但是它却被我狠狠地改了两次，就是第二版到第三版及第三版到第四版之间。第一版有什么错呢？没有错，只是材料都是在一种眼光下收集的，本质上是民族主义的，在中原做的工作极多，文化层序较长。在写第三版的时候文化大革命已近尾声，地方出版品如雨后春笋，报告了无数的新资料。我不能不向新出土的史实弯腰，就是两件事：一、中原的文明偶然被四裔所超越；二、四裔的文化有时被碳十四放在比中原更早的地位。我就不得不给四裔在这第三版里较高的地位。可是 80 年代的中国考古学证明在中国境内有好几个文化中心，而不是只有一个我所说的核心区。

我这核心区的偏见是哪里来的？我不得不把矛头指向中国传统的历史学。钱穆先生在《国史大纲》里面说"中国为世界上历史最完备之国家"，他并举了中国历史的三个特点，一是悠久，二是无间断，三是详密，我说我还要加第四个，就是"自我中心"或者是"从里边看"。中国在世界上有最完备的历史，可全是它自己的历史。廿四史从头到尾没有离开中国这个舞台，中国人独善其身的哲学，即"个人自扫门前雪，莫管他人瓦上霜"，也可以运用在中国史学上面。中国自司马迁以来，出了不少有名的史学家，但都是中国史学家，中国古今学者中，有几位对中国以外的历史或世界一般历史做过重要的贡献呢？

中国古代史一向便是华夏民族史。经三代而逐渐扩张，将四周的蛮夷同化,所以后来"四夷"变成"四裔"。到秦汉帝国时代,奠定了中国历史时代"中国史"的地理范围。钱穆先生说:"(中国文化)沿黄河两岸,以达于海滨,我华夏民族,自虞夏商周以来,渐次展扩以及于长江、辽河、珠江诸流域,并及于朝鲜、日本、蒙古、西域、青海、西藏、安南、暹逻诸境。"我虽然不是钱穆的弟子,但在我的史学教育的历史上,学的听的看的,都是这种观念,所以我在解释材料的时候,想必也是以这种态度为基础的。所以在1959年,我在一篇《中国新石器时代文化断代》[1]就用庙底沟文化来解释下面这个中原的文化层序:

| 殷 | 殷 | 龙山文化 |
| 龙山文化 | 仰韶文化 | 仰韶文化 |

历史学者都知道,这是1931年梁思永先生在安阳后冈所发掘的文化层序。学者纷纷出来讨论如何解释。大多数人的意见,是仰韶文化与龙山文化是分布于中原与东海岸的两个不同的文化,一个向东,一个向西发展,在豫北相逢,构成后冈的文化层。不过这种说法不能说明两个文化之间在陶器上的基本相似。二十多年之后,庙底沟遗址在龙山文化与仰韶文化之间搭一桥梁,所以下述理论就很自然地出来了:仰韶文化经过一个庙底沟的阶段转化成龙山文化,庙底沟文化的陶器花纹有人看成花形,于是这个民族就是华夏,华夏在公元前三千纪的时候,经过内部的变化,转化成龙山文化。仰韶是刀耕火种的民族,但龙山的聚落是不动

---

[1] 张光直:《中国新石器时代文化断代》,《中央研究院历史语言研究所集刊》30(上),1959。

的。在很多方面，龙山是较为分化的，龙山社会是有阶级的。这样，人口增加造成一个龙山向四方扩张的现象，这就是所谓龙山形成期（Longshanoid）的来源。安志敏[1]和石兴邦[2]在1959年的《文物》上发表文章，提出了中国史前新石器时代文化发展经过的两个假说，基本上和我的假说是一样的。这都是中原思想作祟，也证明要解释一个地方的历史必须先了解这个地方历史的背景和后盾，因此我们台湾的考古学家把注意力送一部分到菲律宾、婆罗洲、中南半岛和华南去。

70年代中国社科院考古所的苏秉琦先生，提出"区系类型理论"，将中国新石器时代文化分为六期：

（一）燕山南北长城地带为重心的北方
（二）以山东为中心的东方
（三）以关中、晋南、豫西为中心的中原
（四）以环太湖为中心的东南部
（五）以环洞庭湖和四川盆地为中心的西南部
（六）以鄱阳湖—珠江三角洲一线为中轴的南方

上面说过在1950年以后中国考古学的发展是与中国内部的政治变化配合的。苏秉琦先生在中国考古学史上的地位问题，就是一个例子。虽然他的区系类型学说始于70年代，但它在考古界公开露面要等到1981年6月北京史学会的一个讲演。在这以前他的一个公开讲演是在吉林大学讲的。吉林和北京不同，天上地下，这是怎么回事？夏鼐先生是1985年6月去世的，所以夏先生——他作了一本也是《中国文明的起源》——在世的时候苏先

---

[1] 安志敏:《试论黄河流域新石器时代文化》，《文物参考资料》1959年，559—565页。
[2] 石兴邦:《黄河流域原始社会考古研究上的若干问题》，《文物参考资料》，1959年，566—570页。

生的说法是听不到的。上面六个区系只是初步的构想，我不相信这是苏先生的最后分期，只能说是他利用当时所有资料能够做的分类。我在第四版的《古代中国考古学》中，提出来"互动圈"的观念，说到了下面六个文化区：一、内蒙古长城地带，以兴隆洼文化为最早；二、仰韶文化；三、大汶口文化；四、大溪文化；五、太湖长江三角洲文化；六、大坌坑文化。我的六个区域文化，与苏秉琦先生的区系文化相似，但很有枝节上的不同。再过两年，就是20世纪的结束，我们只能根据现有材料，随时检查这六个区域文化或增或减改用其他方式研究中国文明的形成。诸位青年考古家，希望你们以下一世纪考古家自命，用新的观念去问21世纪第一个新的考古问题，什么是21世纪第一个新的考古问题？

参考书目

1. 安志敏：《试论黄河流域新石器时代文化》，《文物参考资料》（1959），559—565页。

2. 滨田耕作：《东亚文明的曙光》（上海：商务印书馆，1959）。

3. 张光直：《中国新石器时代文化断代》，《中央研究院历史语言研究所集刊》30（上）（1959），259—309页。

4. 傅斯年：《夷夏东西说》，《庆祝蔡元培先生六十五岁论文集》（下编）（1936），1093—1134页。

5. 傅斯年等编：《东北史纲》（中央研究院专刊）1932年。

6. 刘燿：《龙山文化与仰韶文化之分析》，《中国考古学报》2（1947），251—282页。

7. 钱穆：《国史大纲》（上海：国立编译馆，1948），卷2。

8. 石兴邦：《黄河流域原始社会考古研究上的若干问题》，《文物参考资料》（1959），566—570页。

9. 夏鼐：《一个齐家文化墓地的发现》，《中国考古学报》2（1946），169—175页。

10. 苏秉琦：《中国文明起源新探》（香港：商务印书馆，1997）。

11. 尹达：《论中国新石器时代的分期问题：关于安特生中国新石器时代分期理论》，《考古学报》9（1957），1—12页。

12. 尹达:《中国新石器时代》(北京: 三联书店, 1955)。
13. 李济:《东北史纲》, *Chinese Social and Political Science Review* 16, pp. 226 – 259。
14. Andersson, Johan G. "Der Weg uber die Steppen," *Bulletin of the Museum of Far Eastern Antiquities* 2 (1929), pp. 143 – 163.
15. Andersson Johan G. *Children of the Yellow Earth: Studies in Prehistoric China*, London: Kegan Paul, Trench, Trubner (1934).
16. Bishop, Carl W. "The Neolithic Age in Northern China", *Antiquity* 7 (1933), pp. 389 – 404.
17. Bishop, Carl W. "The Origin and Early Diffusion of the Traction Plough", *Antiquity* 10 (1936), pp. 261 – 281.
18. Bishop, Carl W. "The Beginnings of Civilization in Eastern Asia", *Antiquity* 14 (1940), pp. 301 – 316.
19. Chang, Kwang-chih. *The Archaeology of Ancient China*, first edition. (New Haven and London: Yale University Press, 1963)
20. Chang, Kwang-chih. *The Archaeology of Ancient China*, second edition. (New Haven and London: Yale University Press, 1968)
21. Chang, Kwang-chih. The *Archaeology of Ancient China*, third edition. (New Haven and London: Yale University Press, 1977)
22. Chang, Kwang-chih. "Archaeology and Chinese Historiography", *World Archaeology* 13 (1981), pp. 156 – 169.
23. Chang, Kwang-chih. *The Archaeology of Ancient China*, fourth edition. (New Haven and London: Yale University Press, 1986)
24. Ho, Ping-ti. *The Cradle of the East: An Inquiry into the Indigenous Origins of Techniques and Ideas of Neolithic and Early Historic China, 5000 – 1000B. C.* (Hong Kong: Chinese University and Chicago: University of Chicago Press, 1975)
25. Meacham, William. "Continuity and Local Evolution in the Neolithic of South China: A Non-nuclear Approach", *Current Anthropology* 18, 3 (1977), pp. 419 – 440.
26. Treistman, Judith m. *The Prehistory of China: An Archaeological Exploration.* (Garden City, New York: American Museum of Natural History Press, 1972)

(原刊台湾《古今论衡》1 期〔1998 年〕, 38—43 页)

新版赘言

陈星灿

　　这本书是根据1984年初秋张光直先生在北京大学考古系的九次讲演记录整理而成的，一年半之后文物出版社以《考古学专题六讲》为名将其结集出版，随之风靡全国，成为国内当时最为流行的考古学读物。

　　1984年，中国的改革开放刚刚开始，中国考古学的大门也随之缓缓打开，但是中国多数考古学家还没有机会到外面走走看看，国外的考古学家也很难像今天这样自由出入，所以国外特别是北美考古学的概念、理论和方法差不多是通过张光直先生一人传递给我们的。在此之前，他的《中国青铜时代》（1983）已经在三联出版，这本书连同《考古学专题六讲》一时洛阳纸贵，在中国考古学界特别是年轻学者中间引起巨大震动。80年代中期，正是中国考古学的转型期。一方面，"建立年代学和追溯文化及文化成分的起源和发展的所谓'文化史'的工作"还在继续，另外一方面，许多学者不满意这样的工作，希望开展古代社会甚至意识形态的复原工作，提出重建中国上古史。《考古学专题六讲》就是在这种大背景下出版的，它虽然只是一本薄薄的小书，却也对新时期中国考古学的建设发挥了重要的促进作用——而且今天也没有过时。

张光直先生谦虚地把这"六讲"称为"一篮子大杂拌",今天我们把他去世前后发表的三篇文章收到这"一篮子大杂拌"里,集中表现他晚年对中国文明起源问题的认识和反思。这三篇文章的风格,一如"六讲"的内容,明白晓畅,是很容易为普通读者所了解的。《考古学专题六讲》的名字已经被考古学界所熟知,所以新版保留这个书名。本书出版蒙李卉师母慨允,我的同事张蕾女士和付永旭先生为本书重新制作插图,谨一并致谢。

2009年8月30日于王府井大街27号